EN İYİ CİNCO DE MAYO YEMEK KİTABI

Tacos'tan Tres'e Leches , 100 Ağız Sulandıran Tarifle Cinco de Mayo'nun Gerçek Özünü Keşfedin

Eren Koç

Telif Hakkı Malzemesi ©2024

Her hakkı saklıdır

Bu kitabın hiçbir bölümü, incelemede kullanılan kısa alıntılar dışında, yayıncının ve telif hakkı sahibinin uygun yazılı izni olmadan, hiçbir şekilde veya yöntemle kullanılamaz veya aktarılamaz . Bu kitap tıbbi, hukuki veya diğer profesyonel tavsiyelerin yerine geçmemelidir .

İÇİNDEKİLER

- İÇİNDEKİLER 3
- GİRİİŞ 6
- TACO'LAR 7
  - 1. TAVUK TACO YAVAŞ PIŞIRICI 8
  - 2. NARENCIYE VE OTLU TAVUK TACO 10
  - 3. TATLI PATATES VE HAVUÇ TINGA TACOS 12
  - 4. PATATES VE CHORİZO TACOS 14
  - 5. YAZ CALABACİTAS TACOS 16
  - 6. KREMALI TAVUK VE AVOKADO TACOS 18
  - 7. IZGARA DOMUZ TACOS VE PAPAYA SALSA 20
  - 8. KIYILMIŞ DOMUZ TACOLARI 22
  - 9. ZEYTINLI TAVUKLU MISIR TACOS 24
  - 10. TAVUK CHILI VERDE TACOS 26
  - 11. TAVUK ÇEDAR KÖMÜR MISIRLI TACOS 28
  - 12. IZGARA KARIDES VE SIYAH FASULYELI TACOS 30
  - 13. KARARMIŞ CABO BALIK TACOS 32
  - 14. BAHARATLI KARİDESLİ TACOS 34
  - 15. TİLAPİA TACOS 36
  - 16. PILAV VE ŞERI ILE TAVUK TACOS 38
  - 17. IZGARA TAVUK VE KIRMIZI BİBERLI TACO 40
- DANA VE KUZU 42
  - 18. SIĞIR TACOS 43
  - 19. SIĞIR ETI, YABANI MANTAR VE POBLANO TACOS 45
  - 20. AZ YAĞLI SIĞIR ETİ VE FASULYELİ TACOS 47
  - 21. SIĞIR ÇEDARLI TACOS 49
  - 22. BARBEKÜ SIĞIR TACOS 51
  - 23. TACOS DE BARBACOA 53
- ENCHİLADALAR 55
  - 24. KARİDES VE PEYNİRLİ ENCHİLADAS 56
  - 25. TAVUK VE PEYNIRLI ENCHİLADAS 58
  - 26. VEJETARYEN SIYAH FASULYE VE PEYNIRLI ENCHİLADAS .. 60
  - 27. TEMEL DANA ENCHİLADAS 62
  - 28. SIĞIR ETI VE FASULYE ENCHİLADAS 64
  - 29. BAHARATLI DANA ENCHİLADAS 66
  - 30. KARIŞIK FASULYE ENCHİLADAS 68
  - 31. ENCHİLADA SİYAH FASULYE LAZANYA 70
  - 32. PEYNİRLİ TAVUK ENCHİLADAS 73
  - 33. KREMALI TAVUK ENCHİLADAS POBLANO SOS 75
  - 34. VERDE SOSLU TAVUK ENCHİLADAS 78
  - 35. TOMATILLO SOSLU KREMALI TAVUK ENCHİLADAS 80
  - 36. TAVUK ENCHİLADA NACHOS 83

37. Siyah Fasulye ve Mısır Enchiladas 85
BALIK VE DENİZ ÜRÜNLERİ 87
38. Karides Enchiladas 88
39. Yengeç Enchiladas 90
40. Deniz Mahsüllü Enchiladas 92
41. Somon Enchiladas 94
42. Ev Yapımı Soslu Dana Enchiladas 96
43. Yeşil Soslu Dana Enchiladas 98
44. Yavaş Tencere Sığır Enchiladas 100
GUACAMOLE 102
45. Sarımsaklı Guacamole 103
46. Keçi Peyniri Guacamole 105
47. Humus Guacamole 107
48. Kimçi Guacamole 109
49. Spirulina Guacamole Sosu 111
50. Hindistan Cevizi Limonu Guacamole 113
51. Nori Guacamole 115
52. Tutku Meyvesi Guacamole 117
53. Moringa Guacamole 119
54. Mojito Guacamole 121
55. Mimoza Guacamole 123
56. Ayçiçeği Guacamole 125
57. Ejderha Meyvesi Guacamole 127
TAMALELER 129
58. Cinco De Mayo Margarita Tamales 130
59. Yeni Meksika Domuz Tamales 132
60. Kırmızı Şili Domuz Tamales 135
61. Kıyılmış Et Tamales 138
62. Kıyılmış Domuz Tamales 141
63. Zaman Bükümü Tamales 144
64. Tavuklu ve Salsa Verdeli Tamales 147
65. Biber ve Fesleğen Soslu Tavuk Tamales 150
66. Şili Baharatlı Püre Mısır Tamales 153
67. Succotash Tamales 155
68. Tatlı Fasulye Tamaleleri 157
69. Gow ile Tatlı Siyah Pirinç Tamales 160
70. Yeşil Mısır Tamale Güveç 164
71. Lahana Tamaleleri 166
72. Chilahuates (Muz Yaprağıyla Sarılmış Tamales) 168
73. Karides ve Mısır Tamales 171
74. Istakoz ve Avokado Tamales 173
75. Yengeç ve Közlenmiş Kırmızı Biber Tamales 175
76. Somon ve Dereotu Tamales 177

CHURROS 179
77. TEMEL KIZARMIŞ CHURROS 180
78. TEMEL FIRINDA CHURROS 182
79. TARÇINLI CHURROS 185
80. BEŞ BAHARATLI CHURROS 187
81. BAHARATLI MISIR CHURROS 189
82. ÇİKOLATALI CHURROS 193
83. KARAMEL DOLGULU CHURROS 195
84. DULCE DE LECHE CHURROS 197
TURTA 199
85. ÇİKOLATALI TURTA 200
86. VANILYALI BAILEYS KARAMELLI TURTA 202
87. BAHARATLI HORCHATA TURTASI 204
88. YENİBAHAR TURTASI 207
TRES LECHES KEK 209
89. PASSIONFRUIT TRES LECHES KEK 210
90. GUAVA TRES LECHES KEK 213
91. BAILEYS TRES LECHES PASTASI 216
92. BEYAZ RUS TRES LECH'LER 219
93. ŞEFTALİ BOURBON TRES LECHES 222
94. MARGARİTA TRES LECHES PASTASI 225
95. BALKABAĞI BAHARATI TRES LECHES PASTASI 228
96. TARÇIN TRES LECHES PASTASI 231
TATLI TAHTALARI 234
97. CINCO DE MAYO FIESTA TATLI TAHTASI 235
98. CHURRO TATLI TAHTASI 237
99. TRES LECHES TATLI TAHTASI 239
100. MEKSİKA MEYVE SALATASI TATLI TAHTASI 241
ÇÖZÜM 243

GİRİIŞ

Cinco de Mayo kutlamalarının canlı ve lezzetli dünyasına pasaportunuz olan "Nihai Cinco de Mayo Yemek Kitabı" ile tanışın. Bu mutfak yolculuğunda, sizi tacolardan treslere kadar uzanan 100 ağız sulandıran tariften oluşan özel bir koleksiyonla bu şenlikli tatilin gerçek özünü keşfetmeye davet ediyoruz. leches ve aradaki her şey. Cinco de Mayo bir anma gününden daha fazlasıdır; Meksika kültürünün, tarihinin ve tabii ki inanılmaz mutfağının bir kutlaması.

Bu yemek kitabının sayfalarında Cinco de Mayo'nun ruhunu ve lezzetlerini yansıtan tariflerden oluşan bir hazineyi ortaya çıkaracaksınız. Tacos, enchiladas ve guacamole gibi klasik yemeklerden churros, börek ve tabii ki tres gibi şenlikli tatlılara kadar Leches kekinin her tarifi, Meksika mutfağının canlı renklerini ve cesur lezzetlerini uyandırmak için hazırlandı. İster arkadaşlarınızla bir ziyafet düzenliyor olun, ister sadece ailenizle birlikte leziz bir yemeğin tadını çıkarmak istiyor olun, bu tarifler kesinlikle damak tadınızı memnun edecek ve sizi Meksika'nın kalbine taşıyacaktır. "Ultimate Cinco de Mayo Yemek Kitabı"nı diğerlerinden ayıran şey, özgünlüğe ve mutfak mükemmelliğine olan bağlılığıdır. Her tarif, Meksika'nın zengin mutfak geleneklerini onurlandırırken aynı zamanda günümüzün ev aşçılarına modern bir dokunuş sağlayarak Cinco de Mayo'nun gerçek özünü yakaladığından emin olmak için özenle seçilmiş ve test edilmiştir. Takip edilmesi kolay talimatlar, faydalı ipuçları ve çarpıcı fotoğraflar içeren bu yemek kitabı, unutulmaz Cinco de Mayo ziyafetleri yaratmanız için başvurulacak rehberinizdir.

Birlikte bu mutfak macerasına çıkarken, Cinco de Mayo'nun canlı lezzetlerini ve zengin kültürel mirasını kutlamamda bana katıldığınız için en içten teşekkürlerimi sunuyorum. Mutfağınızın cızırdayan tacoların, baharatlı salsaların ve nefis tatlıların aromalarıyla dolması ve her lokmanın sizi bu keyifli tatilin ruhuna daha da yaklaştırması dileğiyle. Öyleyse önlüğünüzü kapın, bıçaklarınızı bileyin ve Meksika lezzetleri arasında leziz bir yolculuğa çıkmaya hazırlanın. Yaşasın Cinco de Mayo!

TACO'lar

1. Tavuk Taco Yavaş Pişirici

İÇİNDEKİLER:

- 2 kilo tavuk göğsü veya uyluk
- 8 adet organik veya normal tortilla
- 1 su bardağı organik veya ev yapımı salsa
- ½ bardak su
- 2 çay kaşığı öğütülmüş kimyon
- 2 çay kaşığı biber tozu
- 1 çay kaşığı sarımsak tozu
- 1 çay kaşığı öğütülmüş kişniş
- ¼ çay kaşığı kırmızı biber (daha fazla ısı için daha fazla)
- ½ çay kaşığı deniz tuzu
- ¼ çay kaşığı karabiber
- Üst Malzemeler: Tercihe göre taze doğranmış sebzeler, taze kişniş, zeytin, avokado, taze salsa, misket limonu vb.

TALİMATLAR:

a) Tavuk parçalarını su, öğütülmüş kimyon, toz biber, sarımsak tozu, öğütülmüş kişniş, acı biber, tuz ve karabiberle birlikte yavaş tencereye koyun. Tavuğu kaplamak için karıştırın.

b) 4 ila 5 saat yüksek ateşte pişirin.

c) Tavuğu çıkarın ve parçalayın. Yavaş tencereye dönün ve 30 dakika daha pişirin.

ç) Tavuğu tortilla ambalajında servis edin ve salsa ve seçtiğiniz malzemeleri ekleyin.

2.Narenciye ve Otlu Tavuk Taco

İÇİNDEKİLER:
TACO'lar
- 6 adet tavuk but, derili
- 3 Tavuk Göğsü, derili
- 2 Limon, kabuğu rendesi ve meyve suyu
- 2 Limon, kabuğu rendesi ve suyu
- 1 su bardağı Karışık taze otlar
- ¼ fincan Vermut veya sek beyaz şarap
- ¼ bardak Zeytinyağı
- 1 çay kaşığı kimyon, kızartılmış
- 1 çay kaşığı Kişniş, kızartılmış
- 1 çay kaşığı sarımsak, kıyılmış

GARNİTÜR FİKİRLERİ:
- Seçilmiş Kişniş Limon dilimleri Turp kibrit çöpleri
- Jülyenlenmiş marul (ıspanak, buzdağı, tereyağı veya lahana)
- Meksika usulü Çoban Salata
- Rendelenmiş peynir
- Ekşi krema
- Acı biber turşusu

MONTAJLAMA
- 12 unlu tortilla

TALİMATLAR:
TACO'lar
a) Tüm malzemeleri birleştirin ve tavuğu en az 4 saat marine etmeye bırakın.
b) Tavuğu önce derisi alta gelecek şekilde ızgarada kızartın.
c) Elle tutulabilecek kadar soğuduğunda kabaca doğrayın.

TACOS'U MONTE ETMEK İÇİN
a) İki tortilla alın ve her birine yaklaşık ¼ tavuk koyun ve üzerine istediğiniz garnitürleri ekleyin.
b) Taco'nun yanında siyah fasulye ve pirinç salatası servis edin.

3.Tatlı Patates ve Havuç Tinga Tacos

İÇİNDEKİLER:
- ¼ bardak Su
- 1 su bardağı ince dilimlenmiş beyaz soğan
- 3 diş sarımsak, kıyılmış
- 2 ½ su bardağı rendelenmiş tatlı patates
- 1 su bardağı rendelenmiş havuç
- 1 kutu (14 ons) doğranmış domates
- 1 çay kaşığı Meksika kekiği
- Adobo'da 2 Chipotle biber
- ½ bardak sebze suyu
- 1 Avokado, dilimlenmiş
- 8 ekmeği

TALİMATLAR:
a) Orta ateşteki büyük bir sote tavasına su ve soğanı ekleyip, soğan yarı saydam ve yumuşak oluncaya kadar 3-4 dakika pişirin. Sarımsakları ekleyin ve 1 dakika kadar karıştırarak pişirmeye devam edin.

b) Tavaya tatlı patates ve havucu ekleyin ve sık sık karıştırarak 5 dakika pişirin.

SOS:
c) Doğranmış domatesleri, sebze suyunu, kekik ve chipotle biberlerini karıştırıcıya yerleştirin ve pürüzsüz hale gelinceye kadar işleyin.

ç) Tavaya chipotle-domates sosunu ekleyin ve tatlı patatesler ve havuçlar pişene kadar ara sıra karıştırarak 10-12 dakika pişirin. Gerekirse tavaya daha fazla sebze suyu ekleyin.

d) Sıcak tortillaların üzerinde servis yapın ve üzerine avokado dilimleri ekleyin.

4.Patates ve Chorizo Tacos

İÇİNDEKİLER:
- 1 yemek kaşığı bitkisel yağ, isteğe bağlı
- 1 bardak Soğan, beyaz, kıyılmış
- 3 su bardağı Patates, soyulmuş, doğranmış
- 1 bardak Vegan chorizo, pişmiş
- 12 ekmeği
- 1 bardak en sevdiğiniz salsa

TALİMATLAR:
a) 1 yemek kaşığı yağı büyük bir sote tavasında orta-düşük ateşte ısıtın. Soğanları ekleyin ve yumuşak ve yarı saydam olana kadar yaklaşık 10 dakika pişirin.
b) Soğanlar pişerken doğranmış patateslerinizi küçük bir tencereye tuzlu su ile koyun. Suyu yüksek ateşte kaynama noktasına getirin. Isıyı orta seviyeye indirin ve patateslerin 5 dakika pişmesine izin verin.
c) Patatesleri süzün ve soğanla birlikte tavaya ekleyin. Isıyı orta-yüksek seviyeye yükseltin. Patatesleri ve soğanları 5 dakika veya patatesler kahverengileşene kadar pişirin. Gerekirse daha fazla yağ ekleyin.
ç) Pişmiş chorizo'yu tavaya ekleyin ve iyice karıştırın. Bir dakika daha pişirin .
d) Tuz ve karabiberle tatlandırın.
e) Sıcak ekmeği ve seçtiğiniz salsa ile servis yapın.

5.Yaz Calabacitas Tacos

İÇİNDEKİLER:

- ½ su bardağı sebze suyu
- 1 bardak Soğan, beyaz, ince doğranmış
- 3 diş sarımsak, kıyılmış
- ¼ bardak sebze suyu veya su
- 2 Kabak, büyük, zar şeklinde doğranmış
- 2 su bardağı Domates, doğranmış
- 10 ekmeği
- 1 Avokado, dilimlenmiş
- 1 bardak Favori Salsa

TALİMATLAR:

a) Orta ısıya ayarlanmış, ağır dipli büyük bir tencerede ; Soğanı ¼ fincan sebze suyunda 2 ila 3 dakika, soğan yarı saydam hale gelinceye kadar terletin.

b) Sarımsak ekleyin ve kalan ¼ fincan sebze suyunu dökün, üzerini örtün ve buharlaşmaya bırakın.

c) Kapağını açın, kabakları ekleyin ve yumuşayana kadar 3-4 dakika pişirin.

ç) Domates ekleyin ve 5 dakika daha veya tüm sebzeler yumuşayana kadar pişirin.

d) Tadına göre baharatlayın ve avokado dilimleri ve salsa ile sıcak tortilla üzerinde servis yapın.

6.Kremalı Tavuk ve Avokado Tacos

İÇİNDEKİLER:

- 1 ons olgun avokado
- 2 yemek kaşığı Az yağlı doğal yoğurt
- 1 çay kaşığı Limon suyu
- Tuz ve biber
- Birkaç marul yaprağı, doğranmış
- 1 arpacık soğan veya 3 taze soğan, ayıklanıp dilimlenmiş.
- 1 Domates dilimler halinde kesilmiş
- Çeyrek Biber, ince doğranmış
- 2 Taco kabuğu
- 2 ons kızarmış tavuk, dilimlenmiş

TALİMATLAR:

a) Küçük bir kasede avokadoyu çatal yardımıyla pürüzsüz hale gelinceye kadar ezin. Yoğurt ve limon suyunu ekleyip karışana kadar karıştırın. Tuz ve karabiberle tatlandırın.

b) Marul, arpacık soğan veya taze soğanı, domatesi ve yeşil veya kırmızı biberi karıştırın.

c) Taco kabuklarını orta dereceli bir ızgara altında 2 ila 3 dakika ısıtın.

ç) Bunları çıkarın ve salata karışımıyla doldurun. Tavuğu üstüne koyun ve avokado sosunun üzerine kaşıkla koyun. Derhal servis yapın.

7.Izgara Domuz Tacos ve Papaya Salsa

İÇİNDEKİLER:
- 1 Papaya; soyulmuş, tohumlanmış, ½ inç küpler halinde kesilmiş
- 1 küçük kırmızı biber; tohumlanmış ve ince doğranmış
- ½ bardak Kırmızı soğan; doğranmış
- ½ bardak Kırmızı dolmalık biber; doğranmış
- ½ bardak Taze nane yaprağı; doğranmış
- 2 yemek kaşığı limon suyu
- ¼ pound Domuz eti kemiksiz orta fileto kızartma; şeritler halinde kesilmiş
- ½ bardak Taze papaya; doğranmış
- ½ bardak Taze ananas; doğranmış
- 10 Un ekmeği, ısıtılmış
- 1½ bardak Monterey Jack peyniri; rendelenmiş (6 oz)
- 2 yemek kaşığı Margarin veya tereyağı; erimiş

TALİMATLAR:
a) Domuz etini 10 inçlik bir tavada orta ateşte yaklaşık 10 dakika, ara sıra karıştırarak, artık pembeleşmeyene kadar pişirin; boşaltmak.
b) Papaya ve ananası karıştırın. Sıcak olana kadar ara sıra karıştırarak ısıtın. Fırını 425F'ye ısıtın.
c) Her tortillanın yarısına yaklaşık ¼ bardak domuz eti karışımını kaşıklayın; üzerine yaklaşık 2 yemek kaşığı peynir ekleyin.
ç) Tortillaları aşırı doldurarak katlayın. Doldurulmuş tortillalardan beşini, 15 ½x10 ½x1 inçlik, yağlanmamış jöleli rulo tavaya yerleştirin; eritilmiş margarinle fırçalayın.
d) Yaklaşık 10 dakika veya açık altın rengi kahverengi olana kadar kapağı açık olarak pişirin. Kalan tacolarla aynı işlemi tekrarlayın. Papaya Salsa ile servis yapın.

8.Kıyılmış Domuz Tacoları

İÇİNDEKİLER:

- ½ kiloluk domuz rostosu
- 12 yumuşak ev yapımı taco
- 1 su bardağı dilimlenmiş soğan
- ½ bardak doğranmış domates ve 1 avokado
- 1 kutu domates ve 2-3 jalapeno biberi
- ½ su bardağı ekşi krema sosu
- 1 ancho biber ve 1 bardak su
- 1 su bardağı kıyılmış marul
- ½ çay kaşığı tuz ve karabiber
- 1 su bardağı rendelenmiş kaşar peyniri

TALİMATLAR:

a) Büyük bir tencere alın ve doğranmış domuz etini, sebzeleri, suyu ve baharatları ekleyin ve ara sıra karıştırarak 20 dakika pişirin. Sebzeleri ve tavuk etini pişirme sıvısından çıkarın ve küçük parçalar halinde doğrayın.

b) Ev yapımı tortillaları marul, domuz eti, sebzeler, ekşi krema sosu, rendelenmiş peynir, doğranmış domates ve avokado ile birleştirin.

9.Zeytinli Tavuklu Mısır Tacos

İÇİNDEKİLER:

- ⅔ bardak Artı 2 yemek kaşığı. pişmiş tavuk göğsü; rendelenmiş
- 1 paket Taco baharat karışımı
- 3 ons Konserve Meksika tarzı mısır; süzülmüş
- 4 Taco kabuğu veya un ekmeği
- ⅓ bardak Artı 1 yemek kaşığı. marul; rendelenmiş
- ½ orta boy Domates; doğranmış
- 1 yemek kaşığı artı 2 çay kaşığı dilimlenmiş olgun zeytin
- 1 ons rendelenmiş kaşar peyniri

TALİMATLAR:

a) Tavuk ve taco baharat karışımını orta-yüksek ateşte bir tavada birleştirin.
b) Taco dolumu için paketin üzerinde belirtilen miktarda su ekleyin. Kaynatın. Isıyı orta seviyeye düşürün.
c) Ara sıra karıştırarak veya su buharlaşana kadar 5-10 dakika pişirin. Mısırı karıştırın ve iyice ısınana kadar pişirin.
ç) Bu arada taco kabuklarını veya tortillaları paketin üzerinde belirtildiği şekilde ısıtın. Her kabuğu ¼ bardak tavuk dolgusu ile doldurun.
d) Her birinin üstüne marul, domates, zeytin ve peynir ekleyin.

10.Tavuk Chili Verde Tacos

İÇİNDEKİLER:
- 3 su bardağı rendelenmiş lahana
- 1 bardak Taze kişniş - hafifçe paketlenmiş
- 1 su bardağı yeşil biber salsa
- 1 kilo Kemiksiz derisiz tavuk göğsü
- 1 çay kaşığı Salata yağı
- 1 Kemiksiz, derisiz tavuk göğsü – uzunlamasına şerit halinde kesilmiş
- 3 diş sarımsak – kıyılmış
- 1 çay kaşığı öğütülmüş kimyon
- ½ çay kaşığı Kurutulmuş kekik
- 8 Un ekmeği
- Yağı azaltılmış veya normal

TALİMATLAR:
a) Servis tabağında lahana, kişniş ve salsayı birleştirin; bir kenara koyun.
b) Tavuğu çapraz olarak ½ inç genişliğinde şeritler halinde kesin. Orta-yüksek ateşte 10 ila 12 inçlik yapışmaz kızartma tavasında yağı, soğanı ve sarımsağı 2 dakika karıştırın. Isıyı yükseğe çıkarın, tavuğu ekleyin ve etin ortası artık pembe olmayana kadar 4 ila 6 dakika kadar sık sık karıştırın.
c) Kimyon ve kekik ekleyin; 15 saniye karıştırın. Servis tabağına kaşıkla dökün. 3.
ç) Tortillaları bir bez havluya sarın ve mikrodalga fırında tam güçte, ısınana kadar yaklaşık 1½ dakika pişirin. Masada lahana ve tavuk karışımlarını tortillaların içine kaşıkla dökün.

11.Tavuk Çedar Kömür Mısırlı Tacos

İÇİNDEKİLER:
- ⅔ bardak Artı 2 yemek kaşığı. pişmiş tavuk göğsü; rendelenmiş
- 1 paket Taco baharat karışımı
- 3 ons Kömürleşmiş Mısır
- 4 Taco kabuğu veya un ekmeği
- ⅓ bardak Artı 1 yemek kaşığı. marul; rendelenmiş
- ½ orta boy Domates; doğranmış
- 1 yemek kaşığı artı 2 çay kaşığı dilimlenmiş olgun zeytin
- Ekşi krema
- 1 ons rendelenmiş kaşar peyniri

TALİMATLAR:
a) Tavuk ve taco baharat karışımını orta-yüksek ateşte bir tavada birleştirin.
b) Taco dolumu için paketin üzerinde belirtilen miktarda su ekleyin. Kaynatın.
c) Isıyı orta seviyeye düşürün. Ara sıra karıştırarak veya su buharlaşana kadar 5-10 dakika pişirin.
ç) Mısırı karıştırın ve iyice ısınana kadar pişirin.
d) Bu arada taco kabuklarını veya tortillaları paketin üzerinde belirtildiği şekilde ısıtın. Her kabuğu ¼ bardak tavuk dolgusu ile doldurun.
e) Her birinin üstüne marul, domates, zeytin ve peynir ekleyin.
f) Üzerine ekşi kremayı gezdirin.

12.Izgara Karides ve Siyah Fasulyeli Tacos

İÇİNDEKİLER:
- 1 pound soyulmuş karides
- 12 mısır ekmeği
- 2 yemek kaşığı biber tozu
- 1 ½ yemek kaşığı sıkılmış limon suyu
- 1 su bardağı siyah fasulye
- Meksika usulü Çoban Salata
- ½ çay kaşığı sızma zeytinyağı
- ¼ çay kaşığı tuz
- 6 Şiş

TALİMATLAR:
a) Izgaranızı önceden ısıtın, ardından siyah fasulyeyi, limon suyunu, kırmızı biber tozunu ve tuzu orta boy bir tavada ısıtarak sosu hazırlayın.

b) Pürüzsüz bir macun oluştuğunda karides şişlerini hazırlayın. Her iki tarafı da yaklaşık 1-2 dakika kızartılmalı, ardından her bir karides fırçalanıp 2 dakika daha ızgarada pişirilmelidir.

c) Karides, sos ve baharatları ekleyerek tortillanızı hazırlayın.

13.Kararmış Cabo Balık Tacos

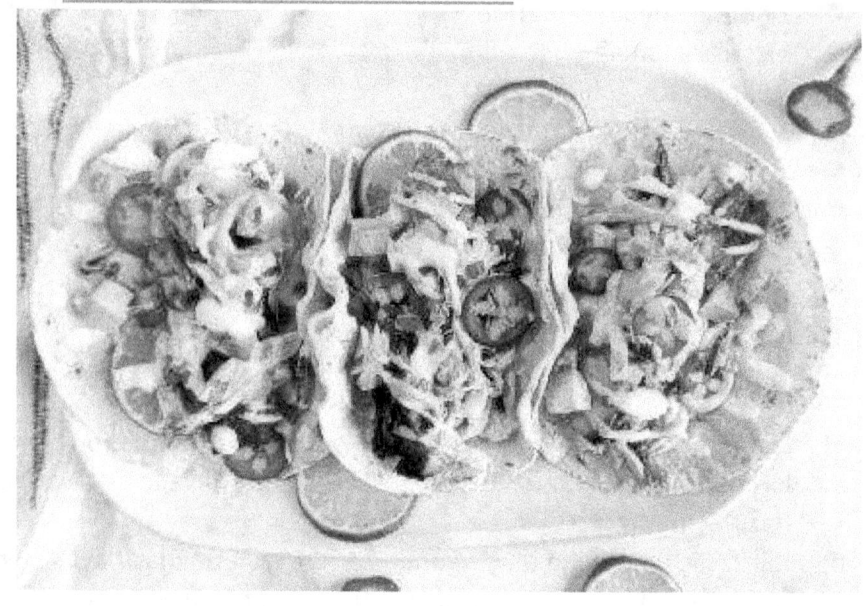

İÇİNDEKİLER:

- 1½ pound beyaz balık ve 8 ons balık turşusu
- 12 mısır ekmeği
- ¾ pound Asya Lahana Salatası
- 9 yemek kaşığı limon ekşi krema
- 4 ons tereyağı
- 7 yemek kaşığı chipotle aioli
- 7 yemek kaşığı Pico de Gallo
- 2 yemek kaşığı karabiber baharatı
- Chipotle Aioli
- ¾ bardak mayonez
- 1 çay kaşığı limon suyu
- 1 yemek kaşığı hardal
- Kaşer tuzu ve öğütülmüş karabiber
- 2 adet sivri biber

TALİMATLAR:

a) Orta boy bir tencerede tuzsuz tereyağını eritmeye başlayın, marine edilmiş beyaz balıkları ekleyin, biraz karabiber serpin ve her iki tarafını da 2 dakika kızartın.

b) Her tortillayı her iki tarafını da ısıtın ve kızarmış tavuğu, chipotle aioli sosunu, biraz Pico de Gallo'yu, biraz Asya lahanasını ve biraz baharatı ekleyin.

14.Baharatlı Karidesli Tacos

İÇİNDEKİLER:
- 4 düşük karbonhidratlı tortilla
- 4 yemek kaşığı mango salsa sosu
- 16 büyük karides
- 1 yemek kaşığı taze doğranmış kişniş
- 1 su bardağı roka marul
- ½ su bardağı çedar peyniri
- 4 çay kaşığı biber sosu
- ½ bardak sotelenmiş soğan
- 1 misket limonunun suyu

TALİMATLAR:
a) Karidesleri marine edip siracha sosuna 5 dakika boyunca batırarak başlayın.
b) Izgarayı açın ve soğanları iyice pişene kadar birkaç dakika pişirin.
c) Her bir tortillayı dizin ve üzerine ekşi krema, karides, marul, rendelenmiş peynir, ızgara soğan ve diğer baharatları ekleyin.

15. Tilapia Tacos

İÇİNDEKİLER:
- 1 pound Tilapia balık filetosu
- 2 beyaz mısır ekmeği
- ½ dilimlenmiş avokado
- ¼ çay kaşığı zeytinyağı
- 1 domates
- 1 beyaz soğan
- 1 limon suyu
- 1 avuç kişniş

TALİMATLAR:
a) Isıtılmış bir fırında tortillaları ve tilapia balık filetosunu her iki taraftan kızartmaya başlayın, ancak balıkları biraz zeytinyağı, tuz ve karabiberle tatlandırın. Orta boy bir kapta domatesi, limon suyunu, soğanı ve baharatları karıştırın.

b) Her tortillanın üzerine güzel bir kat rendelenmiş balık koyun, kasedeki karışımı ve dilimlenmiş avokadoyu ekleyin, ardından kalan balığı üstüne yerleştirin.

16.Pilav ve Şeri ile Tavuk Tacos

İÇİNDEKİLER:
- 2 kilo tavuk parçası
- ¼ bardak Un
- 2 çay kaşığı Tuz
- ¼ çay kaşığı Biber
- 1 su bardağı soğan, doğranmış
- ¼ bardak Tereyağı
- 2 yemek kaşığı Worcestershire sosu
- ¼ çay kaşığı Sarımsak tozu
- 1 bardak biber sosu
- 1½ su bardağı tavuk suyu
- 3 su bardağı Sıcak Pirinç, pişmiş
- ½ bardak Kuru Sherry

TALİMATLAR:
a) Tavukları un, tuz ve karabiberle birlikte yuvarlayın.
b) Margarinde kahverengi.
c) Tavuğu bir tarafa itin.
ç) Soğanları ekleyin ve şeffaflaşana kadar soteleyin.
d) Pirinç hariç kalan malzemeleri karıştırın. Kaynatın, kapağını kapatın ve ısıyı azaltın, ardından 35 dakika pişirin.
e) Tavuk ve sosu, kabarık pirinç yatağının üzerinde servis edin.

17.Izgara Tavuk ve Kırmızı Biberli Taco

İÇİNDEKİLER:
- 1½ pound Kemiksiz, derisiz tavuk b
- 2 adet közlenmiş kırmızı biber
- 2 sap kereviz, yıkanmış ve dilimlenmiş
- 1 Orta kırmızı soğan, soyulmuş ve doğranmış
- ½ su bardağı Haşlanmış siyah fasulye
- ¼ bardak kıyılmış kişniş yaprağı
- ¼ bardak Balzamik sirke
- ¼ su bardağı sıvı yağ
- ¼ bardak portakal suyu
- ¼ bardak limon suyu
- 2 diş sarımsak, soyulmuş ve mi
- 1 çay kaşığı öğütülmüş kişniş tohumu
- ½ çay kaşığı Biber
- ½ çay kaşığı Tuz
- ¼ bardak ekşi krema veya yağsız yoğurt
- 6 (8 inç) un ekmeği

TALİMATLAR:
a) BİR IZGARA YAKIN VEYA bir piliç ÖN ISITIN. Tavuk göğüslerini eşit kalınlıkta dövün ve her iki tarafı da pişene kadar , ancak kurumadan, bir tarafı yaklaşık 4 dakika ızgarada veya kızartın. Biberleri aynı anda kızartmak mantıklıdır. Dilimleyin ve bir kenara koyun.

b) Biber, kereviz, soğan, siyah fasulye ve kişnişi bir karıştırma kabında birleştirin. Sirke, yağ, portakal suyu, limon suyu , sarımsak, kişniş ve biberi birleştirin. Sıkı kapaklı bir kavanozda tuz ve ekşi krema veya yoğurtla birleştirin. İyice çalkalayın ve sosu sebzelerin üzerine dökün.

c) Sebzeleri oda sıcaklığında 1 saat marine edin. Büyük bir tavayı orta ateşe yerleştirin ve yumuşaması için tortillaları 30 saniye boyunca bir tarafta ızgarada pişirin. Servis yapmak için tavuğu tortillaların ortasına paylaştırıp tortillanın ortasına yerleştirin.

ç) Sebzeleri ve sosunu tavuğun üzerine bölün ve tortillayı silindir şeklinde yuvarlayın.

d) Hemen servis yapın; çanak oda sıcaklığında olmalıdır.

DANA VE KUZU

18.sığır Tacos

İÇİNDEKİLER:
- ½ kilo yağsız kıyma
- 8 tam buğday ekmeği
- 1 paket taco baharatı
- Rendelenmiş marul ve 2 büyük domates
- ¾ bardak su
- 2 su bardağı rendelenmiş kaşar peyniri

TALİMATLAR:
a) Orta boy bir tencereye biraz su, kıyma ve taco baharatı ekleyin, ardından her şeyi kaynatın.
b) Tacoları paketteki talimatlara göre her iki taraftan ısıtın, ardından et, sebzeler ve sosla doldurun.

19.Sığır eti , yabani mantar ve Poblano Tacos

İÇİNDEKİLER:
- 1 yemek kaşığı zeytinyağı
- 12 mısır ekmeği
- 1 kiloluk dana biftek
- 12 yemek kaşığı salsa sosu ve ½ çay kaşığı kişniş
- ½ çay kaşığı tuz ve karabiber
- 2 su bardağı çiğ soğan ve 1 su bardağı kıyılmış sarımsak
- ¾ bardak Meksika peyniri
- 1 Poblano biberi
- 2 su bardağı yabani mantar

TALİMATLAR:
a) Biftek dana etini yağlanmış orta boy bir tavada tuz ve karabiber baharatlarıyla birlikte kavurmaya başlayın. Her iki tarafı da 5 dakika piştikten sonra biftekleri çıkarıp bir kenara koyun.
b) Kalan malzemeleri tavaya ekleyin ve 5 dakika soteleyin.
c) Sıcak tortillaları mantar karışımı, dilimlenmiş biftek, salsa sosu ve kıyılmış Meksika peyniri ile servis edin.

20.Az Yağlı Sığır Eti ve Fasulyeli Tacos

İÇİNDEKİLER:
- 1 kiloluk kıyma
- yeniden kızartılmış fasulye
- 8 taco kabuğu ve taco baharatı
- 1 tatlı soğan
- salsa sosu
- rendelenmiş çedar peyniri
- 1 dilimlenmiş avokado
- Ekşi krema

TALİMATLAR:
a) Eti yağlanmış bir tavada pişirmeye başlayın ve fasulyeleri ve baharatları ekleyin.
b) Tacoları bir tabağa yerleştirin ve et karışımını, salsa sosunu, ekşi kremayı, dilimlenmiş avokado ve rendelenmiş kaşar peynirini ekleyin.

21.Sığır Çedarlı Tacos

İÇİNDEKİLER:
- 1 ½ pound yağsız kıyma
- 8 bütün mısır ekmeği
- 1 paket taco baharatı
- 1 kavanoz salsa sosu
- 2 su bardağı rendelenmiş kaşar peyniri

TALİMATLAR:
a) Yağlanmış bir tavada kıymayı yavaş yavaş kavurun, salsa sosunu ekleyip iyice karıştırın ve ardından eti süzün.
b) Her tortillayı ısıtıp et karışımını, baharatları, biraz salsa sosunu ve kaşar peynirini ekleyin.

22.Barbekü Sığır Tacos

İÇİNDEKİLER:

- 1 pound yağsız kıyma (veya hindi)
- ½ bardak rendelenmiş Meksika peyniri
- 1 dilimlenmiş soğan ve kırmızı biber
- 8 tam buğday ekmeği
- ½ bardak barbekü sosu
- 1 adet doğranmış domates

TALİMATLAR:

a) Sığır eti, soğan ve biberleri orta yağlı bir tavada ara sıra karıştırarak iyice pişene kadar pişirmeye başlayın.
b) Sosu ekleyin ve her şeyi 2 dakika pişirin.
c) Servis yapmadan önce et karışımını her tortillanın üzerine dökün ve üzerine peynir ve domates ekleyin.

23. Tacos De Barbacoa

İÇİNDEKİLER:
- 4 kilo dana eti
- ¼ bardak elma sirkesi
- 20 mısır ekmeği
- 3 yemek kaşığı limon suyu
- ¾ su bardağı tavuk suyu
- 3-5 konserve chipotle biberi
- 2 yemek kaşığı bitkisel yağ ve 3 defne yaprağı
- 4 diş sarımsak ve kimyon
- 3 çay kaşığı Meksika kekiği
- 1 ½ çay kaşığı tuz ve karabiber
- ½ çay kaşığı öğütülmüş karanfil
- soğan, kişniş ve limon dilimleri (doğranmış)

TALİMATLAR:

a) Orta boy bir kapta limon suyunu, diş sarımsaklarını, elma sirkesini ve diğer baharatları macun gibi pürüzsüz hale gelinceye kadar karıştırın.

b) Eti alın ve yağlanmış tavada her iki tarafını da 5 dakika pişirin. Kasedeki karışımı etlerin üzerine ekleyin ve iyice karıştırmaya devam edin.

c) 10 dakika daha sonra malzemeler kaynarken karışımı önceden ısıtılmış fırına ekleyin. Yaklaşık 4-5 saat pişirin.

ç) Mısır ekmeğini fırın karışımı, soğan, kişniş, limon dilimleri ve diğer baharatlarla birlikte servis edin.

ENCHİLADALAR

24.Karides ve Peynirli Enchiladas

İÇİNDEKİLER:

- 12 mısır ekmeği
- 2 su bardağı rendelenmiş Monterey Jack peyniri
- 1 pound orta boy karides, soyulmuş ve ayrılmış
- ¼ bardak doğranmış soğan
- 2 diş sarımsak, kıyılmış
- 2 yemek kaşığı bitkisel yağ
- 1 kutu (10 ons) yeşil enchilada sosu
- Tatmak için biber ve tuz

TALİMATLAR:

a) Fırını 375°F'ye önceden ısıtın. Büyük bir tavada yağı orta ateşte ısıtın.
b) Soğanı ve sarımsağı ekleyin ve soğan yumuşayana kadar yaklaşık 5 dakika pişirin. Karides ekleyin ve pembeleşene kadar yaklaşık 3-4 dakika pişirin.
c) Ateşten alın.
ç) Tortillaları mikrodalgada 30 saniye ısıtın. Her tortillayı bir avuç peynir ve bir kaşık dolusu karides karışımıyla doldurun.
d) Sıkıca yuvarlayın ve yağlanmış bir fırın tepsisine dikiş tarafı aşağı bakacak şekilde yerleştirin.
e) Enchiladaların üstüne yeşil enchilada sosunu dökün. Kalan peyniri serpin.
f) Folyo ile örtün ve 20 dakika pişirin. Folyoyu çıkarın ve peynir eriyip kabarcıklanıncaya kadar 10-15 dakika daha pişirin.

25.Tavuk ve Peynirli Enchiladas

İÇİNDEKİLER:

- 12 mısır ekmeği
- 2 su bardağı rendelenmiş Monterey Jack peyniri
- 2 su bardağı pişmiş ve doğranmış tavuk
- 1 kutu (10 ons) yeşil enchilada sosu
- ½ bardak ekşi krema
- ¼ bardak kıyılmış kişniş
- Tatmak için biber ve tuz

TALİMATLAR:

a) Fırını 375°F'ye önceden ısıtın.
b) Orta boy bir kapta kıyılmış tavuk, kişniş, ekşi krema, tuz ve karabiberi karıştırın.
c) Tortillaları mikrodalgada 30 saniye ısıtın.
ç) Her tortillayı bir avuç peynir ve bir kaşık dolusu tavuk karışımıyla doldurun. Sıkıca yuvarlayın ve yağlanmış fırın tepsisine ek yerleri alta gelecek şekilde yerleştirin.
d) Enchiladaların üstüne yeşil enchilada sosunu dökün.
e) Kalan peyniri serpin. Folyo ile örtün ve 20 dakika pişirin.
f) Folyoyu çıkarın ve peynir eriyip kabarcıklanıncaya kadar 10-15 dakika daha pişirin.

26.Vejetaryen Siyah Fasulye ve Peynirli Enchiladas

İÇİNDEKİLER:

- 12 mısır ekmeği
- 2 su bardağı rendelenmiş Monterey Jack peyniri
- 1 kutu (15 ons) siyah fasulye, durulanmış ve süzülmüş
- ½ bardak dondurulmuş mısır, çözülmüş
- ¼ bardak doğranmış soğan
- 1 kutu (10 ons) kırmızı enchilada sosu
- Tatmak için biber ve tuz

TALİMATLAR:

a) Fırını 375°F'ye önceden ısıtın.
b) Orta boy bir kapta siyah fasulye, mısır, soğan, tuz ve karabiberi karıştırın.
c) Tortillaları mikrodalgada 30 saniye ısıtın. Her tortillayı bir avuç peynir ve bir kaşık dolusu siyah fasulye karışımıyla doldurun.
ç) Sıkıca yuvarlayın ve yağlanmış fırın tepsisine ek yerleri alta gelecek şekilde yerleştirin.
d) Enchiladaların üstüne kırmızı enchilada sosunu dökün.
e) Kalan peyniri serpin. Folyo ile örtün ve 20 dakika pişirin.
f) Folyoyu çıkarın ve peynir eriyip kabarcıklanıncaya kadar 10-15 dakika daha pişirin.

27.Temel Dana Enchiladas

İÇİNDEKİLER:

- 1 kiloluk kıyma
- 12 mısır ekmeği
- 1 kutu enchilada sosu
- 1 adet doğranmış soğan
- 2 diş sarımsak
- 1 çay kaşığı kimyon
- Tatmak için biber ve tuz

TALİMATLAR:

a) Fırını önceden 375°F'ye ısıtın. Bir tavada eti, soğan, sarımsak, kimyon, tuz ve karabiberle birlikte, rengi dönene kadar pişirin.
b) Bir tencerede enchilada sosunu orta ateşte ısıtın.
c) Tortillaları sosa batırın ve 9x13 inçlik bir pişirme kabına yerleştirin.
ç) Her tortillayı sığır eti karışımıyla doldurun ve yuvarlayın.
d) Kalan sosu enchiladaların üzerine dökün ve 25-30 dakika pişirin.

28.Sığır Eti ve Fasulye Enchiladas

İÇİNDEKİLER:

- 1 kiloluk kıyma
- 1 kutu siyah fasulye, süzülmüş ve durulanmış
- 1 adet doğranmış soğan
- 2 diş sarımsak
- 1 kutu kırmızı enchilada sosu
- 12 mısır ekmeği
- Tatmak için biber ve tuz

TALİMATLAR:

a) Fırını önceden 375°F'ye ısıtın.
b) Bir tavada etleri soğan, sarımsak, tuz ve karabiberle rengi dönene kadar pişirin.
c) Siyah fasulyeleri ekleyip iyice karıştırın. Bir tencerede enchilada sosunu orta ateşte ısıtın.
ç) Tortillaları sosa batırın ve 9x13 inçlik bir pişirme kabına yerleştirin.
d) Her tortillayı et ve fasulye karışımıyla doldurun ve yuvarlayın.
e) Kalan sosu enchiladaların üzerine dökün ve 25-30 dakika pişirin.

29.Baharatlı Dana Enchiladas

İÇİNDEKİLER:

- 12 unlu tortilla
- 2 su bardağı rendelenmiş biberli jack peyniri
- 1 kiloluk kıyma
- 1 kutu (10 ons) enchilada sosu
- 1 kutu (4 ons) doğranmış yeşil biber, süzülmüş
- 1 yemek kaşığı biber tozu
- ½ çay kaşığı kimyon
- Tatmak için biber ve tuz

TALİMATLAR:

a) Fırını 375°F'ye önceden ısıtın.
b) Büyük bir tavada, kıymayı orta ateşte, sığır eti kızarana ve tamamen pişene kadar pişirin. Fazla yağı boşaltın.
c) Damak tadınıza göre pul biber, kimyon, tuz ve karabiber ekleyin. Doğranmış yeşil biberleri karıştırın. Tortillaları mikrodalgada 30 saniye ısıtın.
ç) Her tortillayı bir avuç peynir ve bir kaşık dolusu sığır eti karışımıyla doldurun.
d) Sıkıca yuvarlayın ve yağlanmış fırın tepsisine ek yerleri alta gelecek şekilde yerleştirin. Enchilada sosunu enchiladaların üstüne dökün.
e) Kalan peyniri serpin. Folyo ile örtün ve 20 dakika pişirin.
f) Folyoyu çıkarın ve peynir eriyip kabarcıklanıncaya kadar 10-15 dakika daha pişirin.

30.Karışık Fasulye Enchiladas

İÇİNDEKİLER:
- 10 mısır ekmeği
- 1 kutu (15 ons) siyah fasulye, süzülmüş ve durulanmış
- 1 kutu (15 ons) barbunya fasulyesi, süzülmüş ve durulanmış
- 1 kutu (15 ons) barbunya fasulyesi, süzülmüş ve durulanmış
- 1 kutu (4 ons) doğranmış yeşil biber
- ½ su bardağı doğranmış soğan
- ½ su bardağı doğranmış yeşil dolmalık biber
- 2 diş sarımsak, kıyılmış
- 1 çay kaşığı öğütülmüş kimyon
- 1 çay kaşığı biber tozu
- 2 bardak enchilada sosu
- 1 su bardağı rendelenmiş kaşar peyniri
- ¼ bardak doğranmış taze kişniş

TALİMATLAR:
a) Fırını önceden 375°F'ye ısıtın.
b) Büyük bir kapta siyah fasulye, barbunya fasulyesi, barbunya fasulyesi, yeşil biber, soğan, dolmalık biber, sarımsak, kimyon ve toz biberi karıştırın.
c) Tortillaları mikrodalgada veya ızgarada yumuşak ve esnek hale gelinceye kadar ısıtın.
ç) Her bir tortillaya fasulye karışımından bir miktar kaşıkla dökün ve sıkıca sarın.
d) Kıvrılmış ekmeği 9x13 inçlik bir pişirme kabına dikiş tarafı aşağı bakacak şekilde yerleştirin.
e) Enchilada sosunu enchiladaların üstüne dökün.
f) Rendelenmiş peyniri enchiladasların üzerine serpin.
g) 20-25 dakika veya enchiladalar altın rengi kahverengi olana ve peynir eriyene kadar pişirin.
ğ) Servis yapmadan önce doğranmış kişnişi enchiladas'ın üzerine serpin.

31.Enchilada Siyah Fasulye Lazanya

İÇİNDEKİLER:

- 12 mısır ekmeği
- 2 bardak enchilada sosu
- 1 su bardağı pişmiş siyah fasulye
- 1 su bardağı mısır taneleri
- 1 su bardağı doğranmış biber
- 1 su bardağı doğranmış soğan
- 3 diş sarımsak, kıyılmış
- 1 yemek kaşığı zeytinyağı
- 1 çay kaşığı öğütülmüş kimyon
- 1 çay kaşığı biber tozu
- Tatmak için biber ve tuz
- 1 bardak vegan rendelenmiş peynir (kaşar veya Meksika karışımı)
- Taze kişniş, doğranmış (garnitür için)

TALİMATLAR:
a) Fırınınızı önceden 375°F (190°C) ısıtın.
b) Büyük bir tavada zeytinyağını orta ateşte ısıtın. Soğanları ve sarımsakları ekleyip yumuşayıncaya kadar soteleyin.
c) Küp küp doğranmış biberleri, mısır tanelerini, pişmiş siyah fasulyeyi, öğütülmüş kimyonu, toz biberi, tuzu ve karabiberi ekleyin. Sebzeler yumuşayana ve baharatlarla iyice kaplanana kadar birkaç dakika pişirin.
ç) Fırın kabının tabanına ince bir tabaka enchilada sosu sürün.
d) Sosun üzerine, tabağın tüm tabanını kaplayacak şekilde bir kat mısır ekmeği yerleştirin.
e) Sebze ve fasulye karışımının yarısını tortillaların üzerine yayın.
f) Sebzelerin üzerine biraz enchilada sosu gezdirin ve üzerine vegan rendelenmiş peynir serpin.
g) Katmanları başka bir tortilla katmanı, kalan sebze ve fasulye karışımı, enchilada sosu ve vegan rendelenmiş peynir ile tekrarlayın.
ğ) Üstüne enchilada sosu ve vegan rendelenmiş peynir eklenmiş son kat tortillayla bitirin.
h) Pişirme kabını folyo ile örtün ve 20 dakika pişirin.
ı) Folyoyu çıkarın ve peynir eriyip kabarcıklanıncaya kadar 10 dakika daha pişirin.
i) Servis yapmadan önce taze kişniş ile süsleyin.

32.Peynirli Tavuk Enchiladas

İÇİNDEKİLER:

- 2 lbs. kemiksiz, derisiz tavuk göğsü
- 2 su bardağı rendelenmiş kaşar peyniri
- 1 kutu (4 ons) doğranmış yeşil biber
- ½ bardak salsa
- 10-12 unlu tortilla
- Tatmak için biber ve tuz

TALİMATLAR:

a) Fırını önceden 375°F'ye ısıtın.
b) Tavuğu tuz ve karabiberle tatlandırın, ardından büyük bir tavada orta-yüksek ateşte kızarıncaya ve pişene kadar pişirin.
c) Tavukları parçalayıp bir kenara koyun.
ç) Büyük bir kapta rendelenmiş peyniri, doğranmış yeşil biberleri ve salsayı karıştırın.
d) Ayrı bir kapta didiklenmiş tavukları karıştırın.
e) Tortillaları mikrodalgada veya ızgarada yumuşak ve esnek hale gelinceye kadar ısıtın.
f) Her tortillaya birer kaşık dolusu tavuk karışımından koyun ve sıkıca sarın.
g) Kıvrılmış ekmeği 9x13 inçlik bir pişirme kabına dikiş tarafı aşağı bakacak şekilde yerleştirin.
ğ) Peynir karışımını enchiladaların üstüne dökün.
h) Önceden ısıtılmış fırında 20-25 dakika veya peynir eriyip kabarcıklanıncaya kadar pişirin.

33.Kremalı Tavuk Enchiladas Poblano Sos

İÇİNDEKİLER:

- 2 lbs. kemiksiz, derisiz tavuk göğsü
- ½ bardak ağır krema
- ¼ bardak ekşi krema
- 1 kutu (4 ons) doğranmış yeşil biber
- 2 su bardağı rendelenmiş Monterey jack peyniri
- 10-12 mısır ekmeği
- Tatmak için biber ve tuz
- Poblano Sos:
- 2 büyük poblano biberi
- ½ soğan, doğranmış
- 2 diş sarımsak, kıyılmış
- ½ su bardağı tavuk suyu
- ½ bardak ağır krema
- Tatmak için biber ve tuz

TALİMATLAR:

a) Fırını önceden 375°F'ye ısıtın.
b) Tavuğu tuz ve karabiberle tatlandırın, ardından büyük bir tavada orta-yüksek ateşte kızarıncaya ve pişene kadar pişirin.
c) Tavukları parçalayıp bir kenara koyun.
ç) Büyük bir kapta ağır kremayı, ekşi kremayı, doğranmış yeşil biberleri ve 1 bardak rendelenmiş Monterey jack peynirini karıştırın.
d) Ayrı bir kapta didiklenmiş tavukları karıştırın.
e) Tortillaları mikrodalgada veya ızgarada yumuşak ve esnek hale gelinceye kadar ısıtın.
f) Her tortillaya birer kaşık dolusu tavuk karışımından koyun ve sıkıca sarın.
g) Kıvrılmış ekmeği 9x13 inçlik bir pişirme kabına dikiş tarafı aşağı bakacak şekilde yerleştirin.
ğ) Kremalı sos karışımını enchiladaların üzerine dökün ve kalan rendelenmiş peyniri serpin.
h) Önceden ısıtılmış fırında 20-25 dakika veya peynir eriyip kabarcıklanıncaya kadar pişirin.
ı) Poblano Sos için :

i) Poblano biberlerini açık ateşte veya ızgaranın altında, kabukları kömürleşene ve kabarıncaya kadar kavurun .
j) Ateşten alın ve buharlaşması için 10-15 dakika boyunca plastik bir torbaya koyun.
k) Biberlerin derisini, sapını ve çekirdeklerini çıkarın ve etini doğrayın.
l) Büyük bir tencerede soğanı ve sarımsağı yumuşayana kadar soteleyin.
m) Kıyılmış poblanoları , tavuk suyunu ve kremayı tencereye ekleyin ve 10-15 dakika pişirin.
n) Tatmak için tuz ve karabiber ekleyin.
o) Servis yapmadan önce sosu enchiladaların üzerine dökün.

34.Verde Soslu Tavuk Enchiladas

İÇİNDEKİLER:

- 2 lbs. kemiksiz, derisiz tavuk göğsü
- 2 su bardağı rendelenmiş Monterey jack peyniri
- 1 kutu (4 ons) doğranmış yeşil biber
- 1 kavanoz (16 ons) salsa verde
- 10-12 mısır ekmeği
- Tatmak için biber ve tuz

TALİMATLAR:

a) Fırını önceden 375°F'ye ısıtın.
b) Tavuğu tuz ve karabiberle tatlandırın, ardından büyük bir tavada orta-yüksek ateşte kızarıncaya ve pişene kadar pişirin.
c) Tavukları parçalayıp bir kenara koyun.
ç) Büyük bir kapta rendelenmiş peyniri, doğranmış yeşil biberleri ve ½ fincan salsa verdeyi karıştırın.
d) Ayrı bir kapta didiklenmiş tavukları karıştırın.
e) Tortillaları mikrodalgada veya ızgarada yumuşak ve esnek hale gelinceye kadar ısıtın.
f) Her tortillaya birer kaşık dolusu tavuk karışımından koyun ve sıkıca sarın.
g) Kıvrılmış ekmeği 9x13 inçlik bir pişirme kabına dikiş tarafı aşağı bakacak şekilde yerleştirin.
ğ) Kalan salsa verdeyi enchiladaların üstüne dökün.
h) Önceden ısıtılmış fırında 20-25 dakika veya peynir eriyip kabarcıklanıncaya kadar pişirin.

35.Tomatillo Soslu Kremalı Tavuk Enchiladas

İÇİNDEKİLER:
- 2 lbs. kemiksiz, derisiz tavuk göğsü
- ½ bardak ağır krema
- ¼ bardak ekşi krema
- 1 kutu (4 ons) doğranmış yeşil biber
- 2 su bardağı rendelenmiş Monterey jack peyniri
- 10-12 mısır ekmeği
- Tatmak için biber ve tuz
- Domates Sosu:
- 8 tomatillo, kabuğu çıkarılmış ve durulanmış
- ½ soğan, doğranmış
- 2 diş sarımsak, kıyılmış
- ½ su bardağı tavuk suyu
- ½ bardak ağır krema
- Tatmak için biber ve tuz

TALİMATLAR:
a) Fırını önceden 375°F'ye ısıtın.
b) Tavuğu tuz ve karabiberle tatlandırın, ardından büyük bir tavada orta-yüksek ateşte kızarıncaya ve pişene kadar pişirin.
c) Tavukları parçalayıp bir kenara koyun.
ç) Büyük bir kapta ağır kremayı, ekşi kremayı, doğranmış yeşil biberleri ve 1 bardak rendelenmiş Monterey jack peynirini karıştırın.
d) Ayrı bir kapta didiklenmiş tavukları karıştırın.
e) Tortillaları mikrodalgada veya ızgarada yumuşak ve esnek hale gelinceye kadar ısıtın.
f) Her tortillaya birer kaşık dolusu tavuk karışımından koyun ve sıkıca sarın.
g) Kıvrılmış ekmeği 9x13 inçlik bir pişirme kabına dikiş tarafı aşağı bakacak şekilde yerleştirin.
ğ) Kremalı sos karışımını enchiladaların üzerine dökün ve kalan rendelenmiş peyniri serpin.
h) Önceden ısıtılmış fırında 20-25 dakika veya peynir eriyip kabarcıklanıncaya kadar pişirin.
ı) Tomatillo Sos için:

i) Broileri önceden ısıtın.
j) Domatesleri bir fırın tepsisine yerleştirin ve 5-7 dakika veya ciltleri kömürleşip kabarıncaya kadar kızartın.
k) Isıdan çıkarın ve soğumaya bırakın.
l) Bir blender veya mutfak robotunda tomatilloları, soğanı, sarımsağı, tavuk suyunu ve kremayı pürüzsüz hale gelinceye kadar püre haline getirin.
m) Tatmak için tuz ve karabiber ekleyin.
n) Servis yapmadan önce sosu enchiladaların üzerine dökün.

36.Tavuk Enchilada Nachos

İÇİNDEKİLER:
- 2 su bardağı pişmiş kıyılmış tavuk
- 1 kutu (10 ons) kırmızı enchilada sosu
- 1 torba tortilla cipsi
- 1 su bardağı rendelenmiş kaşar peyniri
- ¼ bardak doğranmış kırmızı soğan
- ¼ bardak doğranmış taze kişniş
- Servis için ekşi krema

TALİMATLAR:
a) Fırını 375°F'ye önceden ısıtın.
b) Bir kapta pişmiş kıyılmış tavuğu kırmızı enchilada sosuyla karıştırın.
c) Bir fırın tepsisine tortilla cipslerini tek bir tabaka halinde yayın.
d) Rendelenmiş çedar peynirini cipslerin üzerine serpin, ardından tavuk ve enchilada sos karışımını ekleyin.
e) 10-15 dakika veya peynir eriyip kabarcıklanıncaya kadar pişirin.
f) Üzerine doğranmış kırmızı soğan ve doğranmış taze kişnişi ekleyin. Ekşi krema ile servis yapın.

37. Siyah Fasulye ve Mısır Enchiladas

İÇİNDEKİLER:

- 1 soğan, doğranmış
- 2 diş sarımsak, kıyılmış
- 1 kutu (15 ons) siyah fasulye, süzülmüş ve durulanmış
- 1 kutu (15 ons) mısır, süzülmüş
- 1 çay kaşığı öğütülmüş kimyon
- Tatmak için biber ve tuz
- 8-10 mısır ekmeği
- 1 buçuk su bardağı rendelenmiş kaşar peyniri
- 1 kutu (15 ons) enchilada sosu

TALİMATLAR:

a) Fırını önceden 350°F'ye ısıtın.
b) Büyük bir tavada doğranmış soğanı ve sarımsağı kokusu çıkana kadar yaklaşık 2-3 dakika soteleyin.
c) Siyah fasulyeyi, mısırı, kimyonu, tuzu ve karabiberi tavaya ekleyin ve iyice birleşene kadar karıştırın.
ç) Mısır ekmeğini mikrodalgada veya ızgarada yumuşak ve esnek hale gelinceye kadar ısıtın.
d) 9x13 inçlik bir pişirme kabının tabanına az miktarda enchilada sosu dökün.
e) Her bir tortillaya bol miktarda siyah fasulye ve mısır karışımından koyun ve sıkıca yuvarlayın.
f) Rulo haline getirdiğiniz tortillaları ek yerleri alta gelecek şekilde fırın tepsisine yerleştirin.
g) Kalan enchilada sosunu enchiladaların üzerine dökün.
ğ) Enchiladaların üzerine rendelenmiş kaşar peynirini serpin.
h) Önceden ısıtılmış fırında 20-25 dakika veya peynir eriyip kabarcıklanıncaya kadar pişirin.
ı) Taze kişnişle süsleyip sıcak servis yapın.

BALIK VE DENİZ ÜRÜNLERİ

38.karides Enchiladas

İÇİNDEKİLER:
- 1 pound pişmiş ve doğranmış karides
- 12 mısır ekmeği
- 1 kutu kırmızı enchilada sosu
- 1 adet doğranmış soğan
- 2 diş sarımsak
- 1 çay kaşığı kimyon
- Tatmak için biber ve tuz

TALİMATLAR:
a) Fırını önceden 375°F'ye ısıtın.
b) Bir tencerede enchilada sosunu, soğanı, sarımsağı, kimyonu, tuzu ve karabiberi orta ateşte ısıtın.
c) Tortillaları sosa batırın ve 9x13 inçlik bir pişirme kabına yerleştirin.
ç) Her tortillayı karidesle doldurun ve yuvarlayın.
d) Kalan sosu enchiladaların üzerine dökün ve 25-30 dakika pişirin.

39.Yengeç Enchiladas

İÇİNDEKİLER:
- 1 kiloluk yengeç eti, kabuklar için toplandı
- 2 su bardağı rendelenmiş Monterey jack peyniri
- 1 kutu (4 ons) doğranmış yeşil biber
- 1 kavanoz (16 ons) salsa
- 10-12 mısır ekmeği
- Tatmak için biber ve tuz

TALİMATLAR:
a) Fırını önceden 375°F'ye ısıtın.
b) Büyük bir kapta yengeç etini, rendelenmiş peyniri, doğranmış yeşil biberleri ve ½ bardak salsayı karıştırın.
c) Tortillaları mikrodalgada veya ızgarada yumuşak ve esnek hale gelinceye kadar ısıtın.
ç) Her tortillaya bol miktarda yengeç eti karışımından koyun ve sıkıca sarın.
d) Kıvrılmış ekmeği 9x13 inçlik bir pişirme kabına dikiş tarafı aşağı bakacak şekilde yerleştirin.
e) Kalan salsayı enchiladaların üzerine dökün.
f) Önceden ısıtılmış fırında 20-25 dakika veya peynir eriyip kabarcıklanıncaya kadar pişirin.

40.Deniz Mahsüllü Enchiladas

İÇİNDEKİLER:
- 1 kiloluk pişmiş karides, soyulmuş ve ayrılmış
- 1 kiloluk pişmiş yengeç eti, kıyılmış
- 1 kutu (4 ons) doğranmış yeşil biber
- ½ su bardağı doğranmış soğan
- 2 diş sarımsak, kıyılmış
- 1 çay kaşığı öğütülmüş kimyon
- 1 çay kaşığı biber tozu
- 1 çay kaşığı kurutulmuş kekik
- 1 kutu (10 ons) enchilada sosu
- 10-12 mısır ekmeği
- 1 su bardağı rendelenmiş Monterey jack peyniri
- ¼ bardak doğranmış taze kişniş
- Tatmak için biber ve tuz
- İsteğe bağlı malzemeler: doğranmış avokado, dilimlenmiş jalapenos, ekşi krema, limon dilimleri

TALİMATLAR:
a) Fırını önceden 375°F'ye ısıtın.
b) Büyük bir kapta pişmiş karides, pişmiş yengeç eti, doğranmış yeşil biber, doğranmış soğan, kıyılmış sarımsak, kimyon, kırmızı biber tozu ve kekiği karıştırın. Tatmak için tuz ve karabiber ekleyin.
c) Tortillaları mikrodalgada veya ızgarada yumuşak ve esnek hale gelinceye kadar ısıtın.
ç) 9x13 inçlik bir pişirme kabının dibine az miktarda enchilada sosu yayın.
d) Her bir tortillaya bol miktarda deniz ürünleri karışımından koyun ve sıkıca sarın.
e) Rulo haline getirdiğiniz tortillaları ek yerleri alta gelecek şekilde fırın tepsisine yerleştirin.
f) Kalan enchilada sosunu enchiladaların üzerine dökün.
g) Rendelenmiş peyniri enchiladasların üzerine serpin.
ğ) Önceden ısıtılmış fırında 20-25 dakika veya peynir eriyip kabarcıklanıncaya kadar pişirin.
h) Kıyılmış kişnişi enchiladasların üzerine serpin.
ı) İstenirse isteğe bağlı malzemelerle sıcak olarak servis yapın.

41.Somon Enchiladas

İÇİNDEKİLER:
- 1 pound pişmiş somon, kuşbaşı
- 1 kutu (4 ons) doğranmış yeşil biber
- ½ su bardağı doğranmış kırmızı soğan
- 2 diş sarımsak, kıyılmış
- 1 çay kaşığı öğütülmüş kimyon
- 1 çay kaşığı biber tozu
- Tatmak için biber ve tuz
- 10-12 mısır ekmeği
- 1 kutu (10 ons) enchilada sosu
- 1 su bardağı rendelenmiş Monterey jack peyniri
- Taze kişniş, doğranmış

TALİMATLAR:
a) Fırını önceden 375°F'ye ısıtın.
b) Büyük bir kapta, kuşbaşı somonu, doğranmış yeşil biberi, doğranmış kırmızı soğanı, kıyılmış sarımsağı, kimyonu, toz biberi ve damak tadınıza göre tuz ve karabiberi karıştırın.
c) Tortillaları mikrodalgada veya ızgarada yumuşak ve esnek hale gelinceye kadar ısıtın.
ç) 9x13 inçlik bir pişirme kabının dibine az miktarda enchilada sosu yayın.
d) Her tortillaya bol miktarda somon karışımından koyun ve sıkıca sarın.
e) Rulo haline getirdiğiniz tortillaları ek yerleri alta gelecek şekilde fırın tepsisine yerleştirin.
f) Kalan enchilada sosunu enchiladaların üzerine dökün.
g) Rendelenmiş peyniri enchiladasların üzerine serpin.
ğ) Önceden ısıtılmış fırında 20-25 dakika veya peynir eriyip kabarcıklanıncaya kadar pişirin.
h) Taze kişnişle süsleyip sıcak servis yapın.

42.Ev Yapımı Soslu Dana Enchiladas

İÇİNDEKİLER:

- 12 mısır ekmeği
- 2 su bardağı rendelenmiş kaşar peyniri
- 1 kiloluk kıyma
- ½ su bardağı doğranmış soğan
- 2 diş sarımsak, kıyılmış
- 1 kutu (14,5 ons) doğranmış domates
- 1 yemek kaşığı biber tozu
- 1 çay kaşığı kimyon
- 1 çay kaşığı kırmızı biber
- ½ çay kaşığı kekik
- Tatmak için biber ve tuz

TALİMATLAR:

a) Fırını 375°F'ye önceden ısıtın. Büyük bir tavada kıymayı ve soğanı orta ateşte, sığır eti kızarana ve iyice pişene kadar pişirin. Fazla yağı boşaltın. Sarımsak ekleyin ve 1 dakika pişirin.

b) Damak zevkinize göre doğranmış domates, biber tozu, kimyon, kırmızı biber, kekik, tuz ve karabiber ekleyin.

c) Kaynamaya bırakın ve ara sıra karıştırarak 10-15 dakika pişirin. Tortillaları mikrodalgada 30 saniye ısıtın.

ç) Her tortillayı bir avuç peynir ve bir kaşık dolusu sığır eti karışımıyla doldurun.

d) Sıkıca yuvarlayın ve yağlanmış fırın tepsisine ek yerleri alta gelecek şekilde yerleştirin.

e) Enchiladaların üstüne ev yapımı enchilada sosunu dökün. Kalan peyniri serpin.

f) Folyo ile örtün ve 20 dakika pişirin. Folyoyu çıkarın ve peynir eriyip kabarcıklanıncaya kadar 10-15 dakika daha pişirin.

43.Yeşil Soslu Dana Enchiladas

İÇİNDEKİLER:

- 12 unlu tortilla
- 2 su bardağı rendelenmiş Monterey Jack peyniri
- 1 kiloluk kıyma
- 1 kutu (10 ons) yeşil enchilada sosu
- 1 kutu (4 ons) doğranmış yeşil biber, süzülmüş
- ½ çay kaşığı kimyon
- Tatmak için biber ve tuz

TALİMATLAR:

a) Fırını 375°F'ye önceden ısıtın.
b) Büyük bir tavada, kıymayı orta ateşte, sığır eti kızarana ve tamamen pişene kadar pişirin. Fazla yağı boşaltın.
c) Damak zevkinize göre doğranmış yeşil biberi, kimyonu, tuzu ve karabiberi ekleyin. Tortillaları mikrodalgada 30 saniye ısıtın.
ç) Her tortillayı bir avuç peynir ve bir kaşık dolusu sığır eti karışımıyla doldurun.
d) Sıkıca yuvarlayın ve yağlanmış fırın tepsisine ek yerleri alta gelecek şekilde yerleştirin.
e) Enchiladaların üstüne yeşil enchilada sosunu dökün. Kalan peyniri serpin. Folyo ile örtün ve 20 dakika pişirin.
f) Folyoyu çıkarın ve peynir eriyip kabarcıklanıncaya kadar 10-15 dakika daha pişirin.

44.Yavaş Tencere Sığır Enchiladas

İÇİNDEKİLER:

- 12 unlu tortilla
- 2 su bardağı rendelenmiş kaşar peyniri
- 2 kilo sığır eti kızartması
- 1 kutu (10 ons) enchilada sosu
- 1 kutu (4 ons) doğranmış yeşil biber, süzülmüş
- 1 yemek kaşığı biber tozu
- ½ çay kaşığı kimyon
- Tatmak için biber ve tuz

TALİMATLAR:

a) Sığır eti kızartmasını yavaş bir tencereye yerleştirin.
b) Tadına göre enchilada sosu, doğranmış yeşil biberler, kırmızı toz biber, kimyon, tuz ve karabiber ekleyin.
c) Kapağını kapatın ve 8-10 saat kadar veya sığır eti yumuşayıp kolayca parçalanıncaya kadar kısık ateşte pişirin. Sığır eti çatalla parçalayın.
ç) Fırını 375°F'ye önceden ısıtın. Tortillaları mikrodalgada 30 saniye ısıtın.
d) Her tortillayı bir avuç peynir ve bir kaşık dolusu kıyılmış sığır eti ile doldurun. Sıkıca yuvarlayın ve yağlanmış fırın tepsisine ek yerleri alta gelecek şekilde yerleştirin.
e) Yavaş pişiriciden kalan sosu enchiladaların üstüne dökün. Kalan peyniri serpin. Folyo ile örtün ve 20 dakika pişirin.
f) Folyoyu çıkarın ve peynir eriyip kabarcıklanıncaya kadar 10-15 dakika daha pişirin.

GUACAMOLE

45.Sarımsaklı Guacamole

İÇİNDEKİLER:

- 2 avokado, çekirdekleri çıkarılmış
- 1 adet domates, çekirdekleri çıkarılmış ve ince doğranmış
- ½ yemek kaşığı taze limon suyu
- ½ küçük sarı soğan, ince doğranmış
- 2 diş sarımsak, preslenmiş
- ¼ çay kaşığı deniz tuzu
- Bir tutam biber
- Kıyılmış taze kişniş yaprağı

TALİMATLAR:

a) Avokadoları küçük bir kapta patates ezici kullanarak ezin.
b) Püre halindeki avokadoların içerisine ilave malzemeleri karıştırdıktan hemen sonra servis yapın.

46. Keçi Peyniri Guacamole

İÇİNDEKİLER:
- 2 Avokado
- 3 ons keçi peynir
- lezzet itibaren 2 misket limonu
- limon Meyve suyu itibaren 2 misket limonu
- ¾ çay kaşığı sarımsak pudra
- ¾ çay kaşığı soğan pudra
- ½ çay kaşığı tuz
- ¼ çay kaşığı kırmızı biber pullar (isteğe bağlı)
- ¼ çay kaşığı biber

TALİMATLAR:
a) Eklemek Avokado ile A yiyecek işlemci Ve karışım değin düz.
b) Eklemek geri kalan ile ilgili içindekiler Ve karışım değin Anonim.
c) Sert ile cips.

47. Humus Guacamole

İÇİNDEKİLER:

- 1 her biri Olgun avokado, soyulmuş
- 2 bardak Humus bi tahin
- 1 her biri Yeşil soğan, doğranmış
- 1 küçük Domates, doğranmış
- 1 yemek kasigi Yeşil kırmızı biber, doğranmış
- zeytin yağ
- Kişniş, doğranmış
- pide

TALİMATLAR:

a) Kepçe avokado içine A orta tas. Püre & eklemek Humus, karışım iyice. Nazikçe karıştırmak içinde the Yeşil soğan, domates & kırmızı biber.

b) Kontrol etmek baharatlar. Kapak & buzdolabında saklayın.

c) Önce hizmet, çiseleyen yağmur ile zeytin yağ & garnitür ile Kişniş.

ç) Sert ile pide takozlar.

48.Kimçi Guacamole

İÇİNDEKİLER:

- 3 olgun avokado, püresi
- 1 bardak kimchi, doğranmış
- ¼ bardak kırmızı soğan, ince doğranmış
- 1 limon, suyu sıkılmış
- Tatmak için biber ve tuz
- Servis için tortilla cipsi

TALİMATLAR:

a) Bir kapta avokadoları ezin.
b) Kıyılmış kimchi, kırmızı soğan, limon suyu, tuz ve karabiber ekleyin. İyice karıştırın.
c) Kimchi guacamole'yi tortilla cipsiyle servis edin.

49.Spirulina Guacamole Sosu

İÇİNDEKİLER:

- 2 avokado, çekirdekleri çıkarılmış
- 1 limonun suyu
- 1 misket limonunun suyu
- 1 diş sarımsak, kabaca doğranmış
- 1 orta boy sarı soğan, kabaca doğranmış
- 1 jalapeno, dilimlenmiş
- 1 bardak kişniş yaprağı
- 3 yemek kaşığı spirulina
- 1 adet çekirdeği çıkarılmış ve doğranmış domates veya ½ bardak üzüm domates, ikiye bölünmüş
- Tatmak için biber ve tuz

TALİMATLAR:
a) tüm malzemeleri blendera koyun ve birleşene kadar karıştırın.
b) Domatesleri karıştırın ve tadına göre baharatlayın.

50.Hindistan Cevizi Limonu Guacamole

İÇİNDEKİLER:
- 2 olgun avokado
- 1 misket limonunun suyu
- 1 limon kabuğu rendesi
- 2 yemek kaşığı doğranmış taze kişniş
- 2 yemek kaşığı doğranmış kırmızı soğan
- 2 yemek kaşığı kıyılmış hindistan cevizi
- Tatmak için biber ve tuz

TALİMATLAR:

a) Bir kapta olgun avokadoları çatalla krema kıvamına gelinceye kadar ezin.
b) Limon suyu , limon kabuğu rendesi, doğranmış kişniş, doğranmış kırmızı soğan, kıyılmış hindistan cevizi, tuz ve karabiberi ekleyin .
c) Tüm malzemeleri birleştirmek için iyice karıştırın.
ç) Baharatı istediğiniz gibi tadın ve ayarlayın.
d) Hindistan cevizi limonlu guacamole'yi tortilla cipsleriyle servis edin veya tacos, sandviç veya salatalar için lezzetli bir malzeme olarak kullanın.
e) Guacamole'deki bu tropik dokunuşun kremsi ve keskin lezzetlerinin tadını çıkarın!

51. Nori Guacamole

İÇİNDEKİLER:
- 1 avokado, soyulmuş, çekirdeği çıkarılmış ve püre haline getirilmiş
- 1 soğan, ince dilimlenmiş
- 1 yemek kaşığı taze limon suyu
- 1 yemek kaşığı kıyılmış kişniş
- Kaşer tuzu ve taze çekilmiş karabiber
- 2 yemek kaşığı ufalanmış kavrulmuş deniz yosunu atıştırmalıkları
- Servis için kahverengi pirinç kekleri veya krakerler

TALİMATLAR:
a) Avokado, yeşil soğan, limon suyu ve kişnişi bir kasede birleştirin.
b) Tuz ve karabiberle tatlandırın. Kavrulmuş deniz yosunu serpin ve pirinç kekleriyle servis yapın.

52.Tutku Meyvesi Guacamole

İÇİNDEKİLER:

- 2 olgun avokado, soyulmuş ve püre haline getirilmiş
- ¼ bardak doğranmış kırmızı soğan
- ¼ bardak doğranmış taze kişniş
- 1 jalapeno biberi, çekirdekleri çıkarılmış ve doğranmış
- 2 yemek kaşığı limon suyu
- ¼ bardak çarkıfelek meyvesi posası
- Tatmak için biber ve tuz

TALİMATLAR:

a) Bir kasede ezilmiş avokado, kırmızı soğan, kişniş, jalapeno biberi, limon suyu ve çarkıfelek meyvesi posasını karıştırın.
b) Tuz ve karabiberle tatlandırın.
c) Servis yapmadan önce en az 30 dakika buzdolabında soğutun.
ç) Tortilla cipsleri ile veya tacos için üst malzeme olarak servis yapın.

53. Moringa Guacamole

İÇİNDEKİLER:
- 2-4 çay kaşığı Moringa Tozu
- 3 adet olgun avokado
- 1 Küçük kırmızı soğan, ince doğranmış
- Bir avuç kiraz domates, yıkanıp ince doğranmış
- 3 yapraklı kişniş dalı, yıkanmış ve ince doğranmış
- Üzerine serpmek için sızma zeytinyağı
- 1 misket limonunun suyu
- Baharatlar: tuz, karabiber, kurutulmuş kekik, kırmızı biber ve ezilmiş kişniş tohumu

TALİMATLAR:
a) Avokadoları ikiye bölün, çekirdeklerini çıkarın ve kabaca doğrayın. Bir avuç kabaca doğranmış avokadoyu bir kenara bırakın.
b) Malzemelerin geri kalanını geniş bir kaseye dökün ve guacamoleyi çatal kullanarak ezin ve iyice karıştırın.
c) Geri kalan avokadoları ekleyin ve üzerine biraz kişniş yaprağı serpin.

54. Mojito Guacamole

İÇİNDEKİLER:

- 3 olgun avokado, püresi
- ¼ bardak kırmızı soğan, ince doğranmış
- ¼ bardak taze kişniş, doğranmış
- 1 jalapeño, çekirdekleri çıkarılmış ve ince doğranmış
- 2 yemek kaşığı taze limon suyu
- 1 çay kaşığı şeker
- Tatmak için biber ve tuz
- Servis için tortilla cipsi

TALİMATLAR:

a) Bir kasede ezilmiş avokado, kırmızı soğan, kişniş, jalapeno ve limon suyunu birleştirin.
b) Tatmak için şeker, tuz ve karabiberi karıştırın.
c) Tortilla cipsleriyle servis yapın ve Mojito Guacamole'nizin tadını çıkarın!

55. Mimoza Guacamole

İÇİNDEKİLER:

- 2 olgun avokado, püresi
- ¼ bardak doğranmış kırmızı soğan
- ¼ bardak doğranmış domates
- ¼ bardak kıyılmış kişniş
- 1 jalapeno, çekirdekleri çıkarılmış ve ince doğranmış
- 2 yemek kaşığı taze limon suyu
- 2 yemek kaşığı şampanya
- Tatmak için biber ve tuz

TALİMATLAR:

a) Orta boy bir kapta ezilmiş avokado, kırmızı soğan, domates, kişniş ve jalapeno'yu birleştirin.
b) limon suyunu ve şampanyayı karıştırın.
c) Tatmak için tuz ve karabiber ekleyin.
ç) Daldırma için tortilla cipsi veya sebze çubukları ile servis yapın.

56.Ayçiçeği Guacamole

İÇİNDEKİLER:
- 2 avokado
- ½ limon suyu
- ¼ çay kaşığı tuz
- ⅔ bardak doğranmış ayçiçeği filizleri
- ¼ bardak ince doğranmış kırmızı soğan
- ½ jalapeno, ince doğranmış

TALİMATLAR:
a) Tüm malzemeleri bir kapta birleştirin ve iri bir karışım halinde ezin.

57.Ejderha Meyvesi Guacamole

İÇİNDEKİLER:
- 1 ejder meyvesi
- 2 olgun avokado
- ¼ bardak doğranmış kırmızı soğan
- ¼ bardak kıyılmış kişniş
- 1 jalapeno biber, çekirdeği çıkarılmış ve kıyılmış
- 2 yemek kaşığı limon suyu
- Tatmak için biber ve tuz
- Servis için tortilla cipsi

TALİMATLAR:
a) Ejder meyvesini ikiye bölün ve içini çıkarın.
b) Orta boy bir kapta avokadoları çatal veya patates eziciyle ezin.
c) limon suyunu , tuzu ve karabiberi ekleyin .
ç) İyice karıştırın ve tatların birbirine karışmasını sağlamak için guacamole'yi en az 10 dakika bekletin.
d) Tortilla cipsleri ile soğutulmuş olarak servis yapın.

TAMALELER

58. Cinco De Mayo Margarita Tamales

İÇİNDEKİLER:
- 2 bardak masa harina
- 1 bardak margarita karışımı (alkolsüz)
- 1/2 su bardağı şeker
- 2 limonun kabuğu rendesi ve suyu
- 1/4 su bardağı doğranmış taze nane
- Sarmak için mısır kabuğu

TALİMATLAR:
a) masa harina'yı margarita karışımı ve şekerle karıştırın.
b) limon suyunu ve doğranmış naneyi ekleyin .
c) Karışımı mısır kabuklarının üzerine yayın ve tamale şeklinde katlayın.
ç) 1 saat boyunca buharlayın.

59.Yeni Meksika Domuz Tamales

İÇİNDEKİLER:
DOLGU İÇİN:
- 1½ pound Domuz filetosu veya diğer yumuşak, yağsız kesilmiş, yağı alınmış
- 1 orta boy beyaz soğan, doğranmış
- 2 bardak Su
- 2 yemek kaşığı Kanola yağı
- 2 diş sarımsak, kıyılmış
- 1 yemek kaşığı Un
- ½ bardak Kurutulmuş öğütülmüş şili (varsa Chimayo)
- ¾ çay kaşığı Tuz
- ¼ çay kaşığı kimyon
- ⅛ çay kaşığı Kekik
- 1 6 oz. pkg. kurutulmuş mısır kabuğu

MASA İÇİN:
- 6 bardak Masa Harina
- 2 su bardağı sıvı yağ
- 2 yemek kaşığı Tuz
- 4½ bardak Su veya gerektiği kadar daha fazla

TALİMATLAR:
DOLGU İÇİN:
a) Fırını 350 dereceye kadar önceden ısıtın.
b) Domuz eti ve doğranmış soğanı orta boy bir pişirme kabına koyun ve üzerini suyla kaplayın.
c) Yaklaşık 1-½ saat veya et kolayca ayrılıncaya kadar pişirin.
ç) Domuz etini et suyundan çıkarın. Et suyunu soğutun.
d) Soğuyunca eti iki çatalla veya mutfak robotunun hamur bıçağıyla parçalayın.
e) Yağ yüzeyde katılaştıktan sonra suyu süzün. Et suyu 2 bardak değilse, 2 bardak sıvı elde etmek için su ekleyin.
f) Büyük bir tavada yağı ısıtın, kıyılmış sarımsak ve domuz eti ekleyin.
g) Karışımın üzerine unu serpin ve un kahverengileşmeye başlayıncaya kadar yaklaşık bir dakika kadar sürekli karıştırın.

ğ) Öğütülmüş şili , et suyu ve baharatları ekleyin. Orta-düşük ateşte koyulaşana ve neredeyse kuruyana kadar, düzenli olarak karıştırarak yaklaşık 30 dakika pişirin.
h) Ateşten alın.

MASA İÇİN:
ı) Masa Harina'yı büyük bir kaseye ölçün.
i) Karıştırırken su ekleyin.
j) Yağ ve tuzu ekleyip iyice karıştırın. Bir kaşık, güçlü bir karıştırıcı veya ellerinizi kullanın.
k) İyice karıştırıldığında nemli kurabiye hamuru kıvamında olmalıdır. Kurumaya başlarsa daha fazla su ekleyin. Gerekirse nemli bir bezle örtün.

TOPLANTI:
l) Mısır kabuklarını bir kaseye veya fırın tepsisine sıcak su dolu bir kapta 30 dakika kadar batırarak hazırlayın .
m) Kabukları ayırın ve kum veya kahverengi ipekleri temizlemek için ılık akan su altında durulayın. Kullanıma hazır oluncaya kadar ılık suda bekletin.
n) Masayı kaşığın arkasıyla kabuğun pürüzsüz tarafına, yan kenarlardan yaklaşık ½", üst kenardan 1" ve alt kenardan 2" kadar yayın.
o) Ortasına yaklaşık 2 yemek kaşığı dolusu kaşıkla dökün.
ö) Kabuğu, masanın dolguyu kaplayacak ve kabuktan ayrılacak şekilde yuvarlayın. Daha sonra kabuğu yuvarlayın ve alt ucunu altına katlayın.
p) Tüm masa ve dolgu kullanılıncaya kadar tekrarlayın.
r) Tamales'leri bir buharlayıcı/blanşör/spagetti pişirici içinde gevşek bir şekilde paketlenmiş olarak tutun veya buharın etkili bir şekilde nüfuz edebilmesi için çapraz bir düzende düz bir şekilde yerleştirin.
s) Tencereyi kapatın ve yaklaşık 1 saat ila 1-¼ saat arasında veya masa sertleşinceye ve kabuktan kolayca çekilinceye kadar buharlayın.
ş) Tamales'i sıcak olarak servis edin. Herkes kendi kabuğunu çıkarsın . İstenirse üzerine yeşil şili sosu, chili con carne veya peynir ve soğan eklenebilir . Yeni Meksika Domuz Tamales'inizin tadını çıkarın!

60.Kırmızı Şili Domuz Tamales

İÇİNDEKİLER:
VURUCU:
- 2/3 su bardağı taze domuz yağı, soğutulmuş
- 1 çay kaşığı kabartma tozu
- 1 çay kaşığı tuz
- 2 bardak iri öğütülmüş taze masa veya 1 3/4 bardak masa harina, 1 bardak artı 2 yemek kaşığı sıcak suyla karıştırılmış (oda sıcaklığına soğutulmuş)
- 2/3 bardak tavuk, sığır eti veya sebze suyu
- Paketleyici:
- 4 ons kurutulmuş mısır kabuğu

DOLGU:
- 6 büyük kurutulmuş New Mexico biberi
- 2 diş sarımsak, ince doğranmış
- 1/4 çay kaşığı taze çekilmiş karabiber
- 1/8 çay kaşığı öğütülmüş kimyon
- 12 ons yağsız kemiksiz domuz omuzu, 1/2 "küpler halinde kesilmiş
- 1 çay kaşığı tuz

TALİMATLAR:
HAMURUN YAPILMASI:

a) Kürek aparatı ile donatılmış bir elektrikli karıştırıcının kasesinde domuz yağı, kabartma tozu ve tuzu birleştirin. Hafif ve kabarık olana kadar çırpın.

b) 1 su bardağı masa ve 1/3 su bardağı stok ekleyin ; iyice birleşene kadar çırpın.

c) Kalan masayı ve 1/3 bardak stokunu ekleyin; Hafif ve kabarık olana kadar yaklaşık 2 dakika çırpın.

ç) Hamuru en az 1 saat buzdolabında bekletin.

SARMALARI YAPIN:

d) Mısır kabuklarını derin bir tencereye koyup üzerini suyla kaplayarak sulandırın .

e) Tencereyi yüksek ateşe alıp kaynatın. Kabuğu ve suyu ısıya dayanıklı bir kaba aktarın . Kabukların üzerine küçük bir tabak koyun ve onları suyun altında tutun. 1 saat bekletin. Sudan çıkarın.

DOLDURMAYI YAPIN:

f) Biberlerin saplarını ve tohumlarını çıkarın ve 4 parçaya bölün.

g) Bir karıştırıcıda kırmızı biberi , sarımsağı, biberi ve kimyonu birleştirin. 1 1/2 su bardağı su ekleyin ve pürüzsüz bir püre oluşana kadar karıştırın. Karışımı orta boy bir tencereye süzün.
ğ) Domuz eti, 1 3/4 su bardağı su ve tuz ekleyin. Sıvı koyu bir sos kıvamına gelinceye ve etler iyice yumuşayana kadar (50 ila 60 dakika) orta ateşte pişirin. Eti çatalla parçalayın.

TAMALES'İ BİRLEŞTİRİN:
h) Tamale hamurunu karıştırıcıya geri koyun. Hamuru hafifletmek için birkaç saniye karıştırın.
ı) 3 yemek kaşığı sos ekleyin ve birleştirmek için karıştırın. Kıvamını birkaç yemek kaşığı tavuk suyuyla ayarlayın.

MISIR KABUKLARINI HAZIRLAYIN:
i) Büyük bir yeniden yapılandırılmış mısır kabuğunu açın ve 1/4 inç genişliğinde şeritler (tamale başına iki tane) oluşturmak için tahıl boyunca uzunlamasına yırtın.
j) Başka bir uzun parçayı çalışma yüzeyine, sivri ucu sizden uzağa gelecek şekilde yerleştirin.
k) Kabuğun bir ucunun ortasına 1/4 fincan meyilli koyun. Kenarlarda kenarlıklar bırakarak 4 inçlik bir kareye yayın.
l) Ortasına dolgudan 2 yemek kaşığı kadar dökün.
m) Hamurun dolguyu kapladığından emin olarak uzun kenarları bir silindir oluşturacak şekilde bir araya getirin.
n) Sivri ucunu aşağıya katlayın ve kabuk şeridiyle gevşek bir şekilde bağlayın. Düz ucunu altına katlayın ve bağlayın.

Tamales'i buharda pişirin:
o) Buharlı pişiriciyi yüksek ateşte ayarlayın. Buhar çıktığında ısıyı orta dereceye düşürün.
ö) Gerektiğinde daha fazla su ekleyerek 1 saat 15 dakika buharda pişirin.
p) Bir tamale paketini açın. Hamur ambalajdan çıkıyorsa ve yumuşak görünüyorsa hazırdır . Yapışırsa yeniden sarın ve 15 ila 20 dakika daha buharlayın.
r) Ateşten alın ve hamurun sertleşmesi için 15 dakika bekletin.
s) Kavrulmuş Tomatillo-Chipotle Salsa ile servis yapın.
ş) Kırmızı Şili Domuz Tamales'inizin tadını çıkarın!

61.Kıyılmış Et Tamales

İÇİNDEKİLER:
- 32 Mısır Kabuğu

MASA:
- 1 bardak domuz yağı
- 1 çay kaşığı biber tozu

DOLGU:
- 1 orta boy soğan, doğranmış
- 1 diş sarımsak, ezilmiş
- 1/2 çay kaşığı kimyon, öğütülmüş
- 1/2 çay kaşığı biber tozu
- 1/2 yemek kaşığı Tuz
- 1/2 yemek kaşığı Domuz yağı
- 1 çay kaşığı biber tozu
- 1 çay kaşığı Tuz
- 8 bardak Masa
- 3 su bardağı ılık su
- 1/4 çay kaşığı Karabiber
- 3 yemek kaşığı kuru üzüm, ince doğranmış
- 2 yemek kaşığı Yağ
- 1 pound Et, kıyılmış
- 1/4 su bardağı Su

PİŞİRME SUYU:
- 1 litre Su

TALİMATLAR:
ISLANMA ŞEKİLLERİ:
a) Mısır kabuklarını kullanmadan önce 2 saat veya bir gece ılık suda bekletin.

DOLGU:
b) Soğanı, sarımsağı, kimyonu, pul biberi, tuzu, karabiberi ve kuru üzümleri (dilerseniz) kızgın yağda kızartın.
c) Kıyılmış et ve suyu ekleyin; sıvı emilene kadar pişirin.

MASA:
ç) Domuz yağı, biber tozu ve tuzu masa haline getirin; pürüzsüz hale gelinceye kadar ellerinizle yoğurun. (Alternatif olarak, "manuel" ayarında bir ekmek yapma makinesi kullanın.)

d) Tamales'in montajı:
e) kaşığın arkasını kullanarak mısır kabuğunun iç kısmına, kabuğun yarısını kaplayacak şekilde ince ve eşit bir tabaka halinde masa örtüsü yayın.
f) Doldurma karışımının 1 çorba kaşığını kabuğun masa kaplı kısmına ince bir şekilde yayın.
g) Kabuğun bir tarafını diğerinin üzerine yerleştirin ve kabuğun masa içermeyen kısmının altına katlayın.
ğ) İstifleme ve Buharlama:
h) Tamales'i büyük bir tencerenin altındaki sığ, buharlı bir rafa piramit şeklinde istifleyin.
ı) Suya domuz yağı ve biber tozunu ekleyin ve tamalelerin üzerine dökün.
i) İlave kabuklarla örtün ve 4-5 saat buharlayın.
j) İpucu: Masa bittiğinde , açıldığında kabuklardan ayrılacaktır.

62.Kıyılmış Domuz Tamales

İÇİNDEKİLER:
- 18 adet Kurutulmuş Mısır Kabuğu
- 1 küçük soğan, doğranmış (1/4 bardak)
- 2 yemek kaşığı Bitkisel Yağ
- 1/4 bardak Temel Kırmızı Sos
- Kıyılmış domuz eti
- 2 yemek kaşığı Kuru Üzüm
- 2 yemek kaşığı Kapari
- 2 yemek kaşığı Kıyılmış Taze Kişniş
- 18 Çekirdeksiz Zeytin

KIYILMIŞ DOMUZ ETİ:
- 1 pound Kemiksiz Domuz Omuzu
- 1 Domates, doğranmış
- 1 küçük soğan, 1/4'üne kesilmiş
- 1 Havuç, 1 "parçalara kesilmiş
- 1 Sap Kereviz, 1 "parçalara kesilmiş
- 1 yemek kaşığı biber salçası
- 1 çay kaşığı Tuz
- 1/4 çay kaşığı kimyon tohumu
- 1/4 çay kaşığı Kurutulmuş Kekik
- 1/4 çay kaşığı Biber
- 1 Diş Sarımsak
- 1 adet defne yaprağı
- 1 bardak Kısaltma veya Domuz Yağı
- 2 bardak Masa Harina
- 3 çay kaşığı Kabartma Tozu
- 2 bardak Domuz Suyu (domuz eti pişirmek için ayrılmıştır)

TALİMATLAR:
KIYILMIŞ DOMUZ ETİ:
a) Domuz eti için tüm malzemeleri 3 qt'lik bir tencereye koyun.
b) Üzerini kaplayacak kadar su ekleyin.
c) Kaynayana kadar ısıtın; ısıyı azaltın.
ç) Kapağını kapatın ve domuz eti yumuşayana kadar yaklaşık 1 1/2 saat pişirin.
d) Drenaj yapın, suyu tamale hamuru için ayırın.

TAMALE HAMURU:
e) Tüm hamur malzemelerini büyük bir mikser kabında düşük hızda çırpın, karışım pürüzsüz bir macun oluşana kadar kaseyi sürekli kazıyın.
f) Hafif ve kabarık olana kadar orta hızda yaklaşık 10 dakika çırpın.

TAMALESİN HAZIRLANIŞI:
g) Mısır kabuklarını ılık suyla örtün ve esnek oluncaya kadar en az 2 saat bekletin.
ğ) qt'lik bir tencerede yağda yumuşayana kadar pişirin ve karıştırın.
h) Kırmızı Sos, kıyılmış domuz eti ve hamur ile zeytin hariç kalan malzemeleri karıştırın.
ı) Kaynamaya kadar ısıtın; ısıyı azaltın.
i) Örtün ve 15 dakika soğutun.
j) Mısır kabuklarını boşaltın ; Kağıt havluyla hafifçe vurarak kurulayın.
k) Her kabuğun ortasına 1/4 fincan hamuru bir kenardan diğer kenarın 1/2 inç yakınına kadar yayın.
l) Hamurun ortasına 2 yemek kaşığı domuz eti karışımını dökün ve üzerine bir zeytin ekleyin.
m) Hamurun kenarından başlayarak kabukları dolgunun etrafında yuvarlayın.
n) Her iki ucunu da merkeze doğru katlayın ve gerekirse bir ip ile sabitleyin.
o) Tamales'i Hollanda fırınındaki veya buharlı pişiricideki rafa yerleştirin.
ö) Hollanda fırınına raf seviyesine kadar kaynar su dökün.
p) Hollandalı fırını kapatın ve suyu 1 saat boyunca kısık ateşte kaynamaya bırakın.

63.Zaman Bükümü Tamales

İÇİNDEKİLER:
- Bir adet 6 onsluk torba mısır kabuğu

MISIR HAMUR
- 2 su bardağı mısır hamuru
- 1 çay kaşığı deniz tuzu
- ½ su bardağı eritilmiş tereyağı

DOLGU
- 6 bütün yeşil biber
- 1 pound kemiksiz, derisiz tavuk göğsü veya 1 pound doğranmış kabak
- 1 çay kaşığı kimyon
- 1 çay kaşığı kırmızı biber
- Tuz
- Biber
- 1 yemek kaşığı bitkisel yağ
- ¼ bardak ince doğranmış sarı soğan
- 1 çay kaşığı tereyağı
- 1 yemek kaşığı tavuk suyu veya
- ½ su bardağı rendelenmiş kaşar peyniri
- 1 yemek kaşığı kıyılmış kişniş
- 1 Yemek kaşığı doğranmış yeşil soğan
- Servis için salsa ve ekşi krema

TALİMATLAR:

a) Mısır kabuklarınızı gece boyunca suda bekleterek yeniden sulandırın. Kullanmadan önce kabuklarını durulayın.

b) Hamuru hazırlamak için mısır hamurunu geniş bir karıştırma kabında tuzla karıştırın.

c) Eritilmiş tereyağını yavaş yavaş ekleyerek hamurun içine karıştırın.

ç) Daha sonra biberleri ızgarada veya fırında, kabukları kömürleşene kadar kızartın. Biberleri küp küp doğramadan önce soğutun ve kömürleşmiş kabuğunu ve tüm çekirdeklerini çıkarın.

d) Tavuk göğsünü kimyon, kırmızı biber, tuz ve karabiberle tatlandırın. Bir tavada yağı yüksek ateşte ısıtın ve tavuğu her iki tarafı da altın rengi kahverengi olana kadar 3½ dakika soteleyin.

e) Sarı soğanı ve tereyağını ekleyip 1 dakika pişirin, ardından tavuk suyunu ekleyip ocaktan alın.
f) Tavuk soğuduğunda küçük parçalar halinde kesin.
g) Kesilmiş tavuğu biber ve peynirle karıştırın. İsterseniz daha fazla tuz ve karabiber ekleyin, ardından kişniş ve yeşil soğanı ekleyip karıştırın. Dolumunuz bitti!
ğ) avucunuzun ortasında erik büyüklüğünde bir hamur topu yapın.
h) Mısır kabuğunun ortasına yerleştirin ve kaşığın arkasını kullanarak ince bir tabaka halinde eşit şekilde yayın. Hamurun üzerine bir çorba kaşığı dolusu iç malzeme koyun ve bir tanesini yukarı doğru kıvırmaya hazırlanın!
ı) mısır kabuğu alın ve şeritler halinde yırtın. Bu parçaları tamalenin uçlarını bağlamak için kullanacaksınız.
i) Mısır kabuğunu dolguyla yuvarlayın ve uçlarını birbirine sıkıştırın, dolguyu tamale'nin merkezine doğru zorlayın, ardından fazla kabuğu katlayın ve kabuk şeritleri veya basit ip ile sabitleyin, böylece kabuk buharlanırken katlanmış kalır.
j) Bu noktada, bazı tamaleleri dondurup başka bir gün için saklayabilirsiniz veya hepsini şimdi buharda pişirebilirsiniz.
k) Tamales geleneksel olarak özel bir sepet içinde buharda pişirilir, ancak sebze buharlayıcısını da kullanabilirsiniz. Tamaleslerinizi buharlayıcıya koyun ve buharlayıcıyı büyük bir tencerede kaynayan suyun üzerine yerleştirin.
l) Kaynamaya bırakın, tencerenin kapağını kapatın.
m) Ara sıra su seviyesini kontrol ederek ve gerekirse daha fazla su ekleyerek 1 ila 1½ saat pişirin.
n) Bir tamale çıkarın ve hamurun sıkılığını kontrol edin . Süngerimsi ve biraz yağlı ama sağlam olmalı.
o) Tamalesinizi isteğe göre yanında salsa ve ekşi kremayla birlikte sıcak olarak servis edin.

64.Tavuklu ve Salsa Verdeli Tamales

İÇİNDEKİLER:

TAMALES İÇİN:
- ½ (8 ons) paket kurutulmuş mısır kabuğu
- 4 ons (1/2 bardak) domuz yağı
- 1 pound (2 bardak) taze masa
- ⅔ su bardağı tavuk suyu
- 1 çay kaşığı kabartma tozu
- ½ çay kaşığı tuz

SALSA VERDE İÇİN:
- 1 kiloluk domates
- 3 serrano biberi
- Tuz
- 1 yemek kaşığı domuz yağı
- 6 dal taze kişniş, kabaca doğranmış
- 1 küçük soğan, doğranmış
- 1 büyük diş sarımsak, doğranmış
- 3 tomatillo, doğranmış
- ¼ bardak kişniş, doğranmış
- 1⅓ su bardağı kıyılmış tavuk

TALİMATLAR:

MISIR KABUKLARINI HAZIRLAYIN:

a) Kabukları üzerini örtecek kadar suda 10 dakika pişirin ve suyun altında kalması için bir tabakla ağırlıklandırın. Kabuklar esnek hale gelinceye kadar bekletin.

HAMURU YAPIN:

b) Domuz yağını bir karıştırıcıda çok hafif olana kadar yaklaşık bir dakika çırpın.

c) ½ pound (1 bardak) taze masa ekleyin. İyice karışana kadar çırpın.

ç) Çırpmaya devam edin, dönüşümlü olarak kalan yarım kiloluk masayı ve kümes hayvanı suyunu ekleyin, orta kalınlıkta kek hamuru kıvamını elde etmeye yetecek kadar et suyu ekleyin.

d) Kabartma tozunu ve tuzu serpin. 1 dakika daha çırpın.

SALSA VERDE'Yİ HAZIRLAYIN:

e) Domateslerin kabuklarını soyup yıkayın. Tomatilloları ve 3 serrano biberini bir miktar tuzla bir tencerede suda yumuşayana kadar yaklaşık 10 ila 15 dakika kaynatın.
f) Bunları boşaltın ve bir mutfak robotunun kasesine koyun. Kişniş, soğan ve sarımsağı ekleyin. Pürüzsüz olana kadar işlem yapın.
g) 1 çorba kaşığı domuz yağını orta-büyük bir tavada, orta-yüksek ateşte ısıtın . Domuz yağı bir damla tomatillo püresi cızırtısı oluşturacak kadar ısındığında hepsini bir kerede dökün.
ğ) Sosu koyulaşana ve kalınlaşana, bir kaşığı kaplayacak kadar kalınlaşana kadar 45 dakika boyunca sürekli karıştırın. Kıyılmış domatesleri ve kişnişleri ekleyin. Tuzlu sezon.

TAMALES'İ KARIŞTIRIN VE ŞEKİLLENDİRİN:
h) Kıyılmış tavuğu yarım bardak pişmiş tomatillo sosuyla karıştırın.
ı) Kabukları yumuşayınca sudan çıkarın. Kabukları kurulayın. Ekstra kabukları, her tamale için bir tane olmak üzere ¼ inç genişliğinde, 7 inç uzunluğunda şeritler halinde yırtın.
i) Geniş ucunda en az 6 inç ve 6-7 inç uzunluğunda bir tane alın. Bu mısır kabuğunu sivri ucu kendinize doğru olacak şekilde yerleştirin.
j) Hamur karışımından birkaç yemek kaşığı bir kareye yayın, size doğru tarafta en az 1 1/2 inçlik bir kenarlık ve diğer kenarlarda ¾ inçlik bir kenarlık bırakın.
k) Mısır kabuğunun iki uzun kenarını alıp üst üste gelecek şekilde bir araya getirin. Kabuğun alt kısmını doldurma çizgisine kadar sıkıca katlayın. Üst kısmı açık bırakın. Tamale etrafına bir şerit kabuğu gevşek bir şekilde bağlayarak yerine sabitleyin. Kalan kabuklar ve hamur karışımı ile tekrarlayın.
l) Tamalesleri hazırlanmış bir buharlı tencerenin katlanmış alt kısmında bekletin, genişlemeleri gerektiğinden çok sıkışık bir şekilde paketlenmediklerinden emin olun. Kalan kabuklardan oluşan bir tabaka ile örtün. Kapağını kapatıp 1 saat kadar buharda pişirin.
m) Suyun tamamının kaynamadığından emin olun , gerektiğinde kaynar su ilave edin.
n) Yanında ilave salsa ile servis yapın.

65. Biber ve Fesleğen Soslu Tavuk Tamales

İÇİNDEKİLER:
KÖZLENMİŞ KIRMIZI BİBER & Fesleğen Sosu:
- 4 adet kırmızı biber, kavrulmuş, soyulmuş, çekirdekleri çıkarılmış ve doğranmış
- 2 diş sarımsak, doğranmış
- 1 yemek kaşığı kıyılmış taze fesleğen
- 1 Chipotle şili, saplı
- 2 yemek kaşığı Durkee'nin kırmızı biber sosu
- 1/2 çay kaşığı öğütülmüş kimyon
- Tatmak için tuz

TAMALE HAMURU:
- 1 1/2 bardak Masa harina
- 1/2 çay kaşığı Şeker
- 1/2 çay kaşığı tuz
- 1 çay kaşığı Eritilmiş tereyağı
- 1 diş sarımsak, doğranmış
- 3/4 su bardağı Su
- 1 çay kaşığı Bitkisel yağ

DOLGU:
- 1/2 pound Kemiksiz füme tavuk, doğranmış
- 2 diş sarımsak, doğranmış
- 4 Yeni Meksika şili, kavrulmuş, soyulmuş, sapları çıkarılmış, çekirdekleri çıkarılmış ve iri kıyılmış
- 1/4 bardak rendelenmiş Monterey Jack peyniri
- 1/4 su bardağı rendelenmiş kaşar peyniri
- 1 çay kaşığı öğütülmüş kimyon
- 1/2 çay kaşığı Öğütülmüş kişniş
- 1/2 çay kaşığı Şili tozu
- Tatmak için biber ve tuz
- 8 Büyük mısır kabuğu

TALİMATLAR:
KÖZLENMİŞ KIRMIZI BİBER & Fesleğen Sosu:
a) Bir blender veya mutfak robotunda kavrulmuş kırmızı biber, sarımsak, fesleğen, chipotle şili, kırmızı biber sosu, öğütülmüş kimyon ve tuzu birleştirin.

b) Pürüzsüz olana kadar karıştır. Servis yapmaya hazır oluncaya kadar bir kenara koyun veya buzdolabında saklayın.

TAMALE HAMURU:
c) Bir karıştırma kabında masa harina , şeker, tuz, eritilmiş tereyağı, doğranmış sarımsak ve suyu birleştirin.
ç) Yumuşak bir hamur oluşana kadar karıştırın. Plastik ambalajla örtün ve bir kenara koyun.

DOLGU:
d) Bitkisel yağı büyük bir sote tavasında yüksek ateşte ısıtın.
e) Doğranmış füme tavuğu ekleyin ve neredeyse pişene kadar pişirin (yaklaşık 4 dakika).
f) Doğranmış sarımsakları ve kavrulmuş Yeni Meksika biberlerini ekleyin . Birleştirmek için fırlatın.
g) Isıdan çıkarın ve soğumaya bırakın. Rendelenmiş Monterey Jack ve Cheddar peynirlerini, öğütülmüş kimyonu, öğütülmüş kişnişi, şili tozunu, tuzu ve karabiberi ekleyin. İyice karıştırın.

TOPLANTI:
ğ) Mısır kabuklarını esnek hale gelinceye kadar 10 dakika ılık suda bekletin .
h) 2 kabuğu 12 şeride yırtın ve bir kenara koyun .
ı) 6 kabuğu çalışma yüzeyine koyun ve tamale hamurunu aralarında eşit olarak dağıtın.
i) Hamuru, kenarlar boyunca 1/2 inçlik bir kenarlık bırakarak bir dikdörtgen haline getirin.
j) Tavuklu harcı hamurun ortasına dökün.
k) Kabuğu, dolguyu hamurun içine alacak şekilde bir tüp şekli oluşturacak şekilde dolgunun üzerinde uzunlamasına yuvarlayın.
l) Hamuru tamamen kabuğa sarın ve her iki ucunu yırtık şeritlerle bağlayın.
m) Tamales'i bir buharlayıcıya yerleştirin, sıkıca kapatın ve 15 ila 20 dakika buharda pişirin.
n) Yanında Közlenmiş Kırmızı Biber ve Fesleğen Sos ile hemen servis yapın.

66.Şili Baharatlı Püre Mısır Tamales

İÇİNDEKİLER:

- 3½ bardak Mısır taneleri (taze veya konserve)
- ½ bardak Süt
- 1 çay kaşığı Tuz
- Taze çekilmiş karabiber
- 1 çay kaşığı Aji Şili tozu veya New Mexican'ın yerine
- 2 yemek kaşığı Margarin
- 1 Soğan, doğranmış
- ½ bardak Yaz kabağı, ince doğranmış
- 1 yemek kaşığı kırmızı dolmalık biber, doğranmış
- 1 yemek kaşığı Taze kişniş, doğranmış
- ¼ bardak Parmesan peyniri, rendelenmiş
- Muz yaprakları (6 x 6 inç) veya mısır kabuğu

TALİMATLAR:

a) Mısır tanelerini sütle birlikte mutfak robotunda püre haline getirin. Tuz, karabiber ve pul biberi ekleyip iyice karıştırın.

b) Büyük bir tavada margarini ısıtın ve soğanı, kabağı, kırmızı dolmalık biberi ve kişnişi 10 dakika soteleyin.

c) Püre haline getirilmiş mısırı ekleyin ve koyulaşana kadar sürekli karıştırarak yaklaşık 5 dakika pişirin.

ç) Rendelenmiş peyniri ekleyin, iyice karıştırın ve ocaktan alın.

d) Muz yapraklarını veya mısır kabuklarını kaynar suda haşlayıp süzün.

e) Her seferinde bir tane olmak üzere, her kabuğu çıkarın ve her kabuğun ortasına yaklaşık 4 yemek kaşığı mısır karışımını yayın.

f) Kabuğu mısır karışımının etrafına kare bir paket oluşturacak şekilde katlayın ve mutfak ipiyle sıkıca bağlayın. Hamurun kabuktan kaçmaması için tüm kenarların kapatıldığından emin olun.

g) Kabukların tamamı dolduğunda, üzerini örtecek kadar tuzlu su dolu büyük bir tencereye koyun ve kapağı kapalı olarak kısık ateşte yaklaşık 1 saat pişirin.

ğ) Tamaleleri sıcakken kabuklarıyla birlikte servis edin. Ayrıca buharda pişirilebilirler.

67. Succotash Tamales

İÇİNDEKİLER:

- 200 gram Hazır kuskus, suyu süzülmüş ve önceden pişirilmiş
- 100 gram Konserve tereyağlı fasulye, süzülmüş
- 100 gram konserve mısır taneleri
- 100 gram Taze kabuklu bezelye
- 1 küçük tatlı kırmızı biber
- 4 Taze soğan
- 1 büyük top tereyağı
- 4 Tamales (kurutulmuş mısır kabuğu)
- Bir avuç kişniş yaprağı
- Tatmak için biber ve tuz

TALİMATLAR:

a) Taze soğanı ve kırmızı biberi ince ince doğrayın.
b) Doğranmış taze soğanı ve kırmızı biberi az miktarda tereyağında hafifçe kızartın. Tuz ve karabiberle tatlandırın.
c) Tereyağlı fasulyeyi, mısır tanelerini ve bezelyeyi ekleyin. 2 dakika boyunca yavaşça soteleyin.
ç) Pişmiş kuskus ekleyin ve hafifçe ısıtın.
d) Son olarak kişniş yapraklarını karıştırın.
e) Bağlanmış her tamale'yi succotash karışımıyla eşit şekilde doldurun.
f) Baharatlı tavuk, biftek veya kızarmış Cajun yumurtası ile servis yapın.
g) Succotash Tamales'inizin tadını çıkarın!

68.Tatlı Fasulye Tamaleleri

İÇİNDEKİLER:

MASA HAMURU:
- 2/3 bardak Domuz yağı
- 2 yemek kaşığı Şeker
- 1½ çay kaşığı Tuz
- Tamales için 1½ pound Taze masa
- 1 bardak Su

TATLI FASULYE DOLGUSU:
- 1 litre Pinto fasulyesi, pişirilmiş ve süzülmüş
- 1/4 bardak domuz yağı
- 1 su bardağı Ezilmiş panocha (Meksika esmer şekeri) veya koyu şeker
- 1 çay kaşığı Öğütülmüş tarçın
- 1 çay kaşığı öğütülmüş karanfil
- 2 su bardağı sıcak suda 1/2 saat bekletilmiş kuru üzüm

MISIR KABUKLARI:
- Mısır kabukları sıcak suda 10 dakika kadar yumuşayana kadar bekletilir, daha sonra durulanır ve suyu süzülür.

TALİMATLAR:

MASA HAMURU:

a) Domuz yağı, şeker ve tuzu elektrikli bir karıştırıcıda kabarıncaya kadar çırpın.
b) Yavaş yavaş su ile dönüşümlü olarak masa ekleyin.
c) Kabarıncaya kadar çırpın. Karışımın küçük bir örneğini bir bardak suya koyarak test edin. Numune yüzüyorsa masa hazırdır.

TATLI FASULYE DOLGUSU:

ç) Süzülmüş fasulyeleri ezin.
d) Domuz yağı bir tavada ısıtın.
e) Fasulye, panocha, tarçın, karanfil ve süzülmüş kuru üzüm ekleyin.
f) Fasulyelerin yanmasını önlemek için sık sık karıştırarak 15 dakika pişirin.
g) Kullanmadan önce soğutun.

TAMALES'İN MONTAJI:

ğ) Küçük tamales için, kabuğun geniş ucuna 1 çorba kaşığı masa koyun ve her iki tarafa yayın.

h) Ortasına 1 yemek kaşığı fasulye karışımından koyun.
ı) Dolguyu kaplamak için kabukların kenarlarını, kenarları üst üste gelecek şekilde katlayın.
i) Sivri ucu tamale doğru katlayın ve açık uçları birbirine sıkıştırın.

BUHARLAMA TAMALES:
j) Büyük bir su ısıtıcısına fincan büyüklüğünde bir tomar folyo koyun ve 2 bardak su ekleyin.
k) Tamaleleri bir piramit şeklinde düzenleyin, açık ucu yukarı bakacak ve kapalı tutmak için katlanmış ucu folyoya dayanacak şekilde yerleştirin.
l) 40 dakika boyunca kapalı olarak buharlayın.

69.Gow ile Tatlı Siyah Pirinç Tamales

İÇİNDEKİLER:
PİRİNÇ MASA İÇİN:
- 3 bardak Tay tatlı siyah pirinç
- 2 çay kaşığı kabartma tozu
- 8 ons Tuzsuz tereyağı

HA GOW DOLGUSU İÇİN:
- 27 ons Ha gow dolgusu

MONTAJ İÇİN:
- 18 Mısır kabuğu, ıslatılmış
- Kurutulmuş siyah Çin mantarları, ıslatılmış ve kıyılmış
- Yarım kilo İnce doğranmış karides
- ½ çay kaşığı Tuz
- 1½ çay kaşığı Şeker
- 1 Yumurta akı, çırpılmış
- 1½ çay kaşığı Taze rendelenmiş zencefil
- 1 yemek kaşığı Kuru beyaz şarap
- 2 yemek kaşığı Mısır Nişastası
- 2 çay kaşığı İstiridye sosu
- 1 çay kaşığı Soya sosu
- 1½ çay kaşığı Susam yağı
- 1½ çay kaşığı Fıstık yağı
- ¼ bardak ince kıyılmış jicama
- ¼ bardak ince doğranmış havuç
- 1 büyük demet kıyılmış soğan
- 1 tutam Beyaz biber
- ¾ bardak Fermente siyah fasulye
- ¼ bardak kıyılmış sarımsak

SZECHUAN SİYAH FASULYE SOSU İÇİN:
- 6 adet siyah midye, kabuklarında
- 2 yemek kaşığı Fıstık yağı
- 2 yemek kaşığı Tuzsuz tereyağı ve yemeği bitirmek için 2 ons
- 1 bardak Erik şarabı
- 1 bardak Mirin
- 3 su bardağı Tavuk suyu
- 2 yemek kaşığı Kırmızı miso
- 1 yemek kaşığı Hoisin sosu

- 2 yemek kaşığı Sarımsak
- 2 yemek kaşığı Zencefil
- 1 yemek kaşığı Yeşil soğan
- ½ çay kaşığı Ezilmiş kırmızı biber

ÇİN KARIŞIMI İÇİN:
- 1 su bardağı siyah fasulye
- ¼ bardak Sarımsak
- ¼ bardak kıyılmış çinois

TALİMATLAR:
PİRİNÇ MASA İÇİN:
a) Pirinci bir kahve değirmeni içinde mümkün olduğunca ince öğütün.
b) 1 saat ılık suda bekletin. Tülbentten geçirin ve kürek aparatlı bir mutfak robotuna aktarın.
c) Kabartma tozu ve tereyağını ekleyin, malzemeler karışıncaya ve doku masayı andırana kadar karıştırın.

HA GOW DOLGUSU İÇİN:
ç) Mantarları sıcak suda 30 dakika bekletin. Saplarını çıkarın ve kapaklarını kıyın.
d) Karidesleri tuz, şeker, yumurta akı, zencefil, şarap, mısır nişastası, istiridye sosu, soya sosu, susam yağı ve yer fıstığı yağıyla birlikte bir mutfak robotuna yerleştirin. Her eklemeden sonra iyice karıştırın.
e) Mantar, jicama, havuç, doğranmış yeşil soğan ve beyaz biberi ekleyin. İyice karıştırın.

MONTAJ İÇİN:
f) Her tamale için, iki adet nemlendirilmiş mısır kabuğunu çalışma yüzeyine koyarak bir dikdörtgen oluşturun.
g) 2 ons pirinç masasını, ardından 3 ons ha gow dolgusunu ve son olarak 2 ons daha pirinç masasını yerleştirin.
ğ) Sarın ve bir buharlayıcıya yerleştirin. Pirinç pişene kadar yaklaşık 50-60 dakika buharda pişirin.

SZECHUAN SİYAH FASULYE SOSU İÇİN:
h) Siyah fasulyeyi, sarımsağı ve çinoiyi kabaca işleyin.
ı) Kabuklu midyeleri biraz fıstık yağı ve tereyağında soteleyin.
i) Erik şarabı, mirin ekleyin ve azaltın. Daha sonra tavuk suyunu, misoyu ve kuru üzümü ekleyip azaltın.
j) Midyeleri çıkarın ve karışımı püre haline getirin.
k) Sosu bitirmek için 2 ons tereyağı ekleyin.
l) Chinois Karışımı için:
m) Tüm malzemeleri karıştırın.

70.Yeşil Mısır Tamale Güveç

İÇİNDEKİLER:

- 1 (4 oz.) bütün yeşil biber konservesi
- 3 su bardağı taze mısır veya dondurulmuş mısır
- ⅓ su bardağı sarı mısır unu
- 2 yemek kaşığı eritilmiş tereyağı
- 2 çay kaşığı şeker
- 1 çay kaşığı tuz
- 1 su bardağı rendelenmiş peynir

TALİMATLAR:

a) Fırını 350 dereceye kadar önceden ısıtın. Bir fırın tepsisini yağlayın.
b) Yeşil biberleri geniş şeritler halinde kesin.
c) Bir karıştırıcıda taze veya dondurulmuş mısır, sarı mısır unu, eritilmiş tereyağı, şeker ve tuzu iyice karışana kadar birleştirin.
ç) Mısır unu karışımının yarısını tereyağlı pişirme kabının dibine koyun, ardından yeşil biber şeritlerini ve rendelenmiş peyniri ekleyin. Üstte kalan mısır unu karışımını bitirerek katmanları tekrarlayın. En üstüne ilave peynir serpin.
d) Çanağı folyo ile örtün ve 350 derecede 1 saat pişirin.

71.Lahana Tamaleleri

İÇİNDEKİLER:
- 1 büyük baş lahana
- 4 pound domuz pirzolası veya bonfile, pişmemiş
- ½ pound Dakikalık pirinç, pişmiş
- 1 pound pastırma, pişmemiş
- 1 büyük kutu domates suyu
- 1 orta boy soğan, doğranmış
- Tatmak için biber ve tuz
- Kırmızı biber (toz)

TALİMATLAR:
a) Pirinci paket talimatlarına göre pişirin.
b) Lahananın çekirdeğini mümkün olduğu kadar kesin. Lahananın baş kısmını dış yaprakları yumuşayana kadar sıcak tuzlu suya koyun. Sudan çıkarın ve bir tabağa koyun, yumuşadıkça yapraklarını çıkarın. Lahanayı, tüm yaprakları çıkana kadar yavaş yavaş kaynayan suya koyun.
c) Domuz etini yaklaşık ½ inç kareler halinde küp şeklinde doğrayın.
ç) Kızartma tavasının altını ve yanlarını pişmemiş pastırmayla kaplayın.
d) Bir seferde bir lahana yaprağı alın. Her yaprağın üzerine bir çorba kaşığı pişmiş pirinç, 4 ila 5 küp domuz eti, biraz doğranmış soğan ve bir tutam tuz ve karabiber (isteğe bağlı) koyun. Yaprağı yuvarlayıp fırın tepsisine dizin. Bu işlemi her yaprak için tekrarlayın.
e) Kalan et, soğan ve pirinci rulo halindeki lahana yapraklarının üzerine yerleştirin. Üst kısmı pastırma ile kaplayın.
f) Kızartma tavasına bir kutu domates suyu ve bir kutu su dökün. Üzerine toz kırmızı biber serpin.
g) 350 derecede üstü kapalı olarak 3 saat pişirin.
ğ) Lahana tamalelerini Fransız ekmeğiyle servis edin. Eğlence!

72.Chilahuates (Muz Yaprağıyla Sarılmış Tamales)

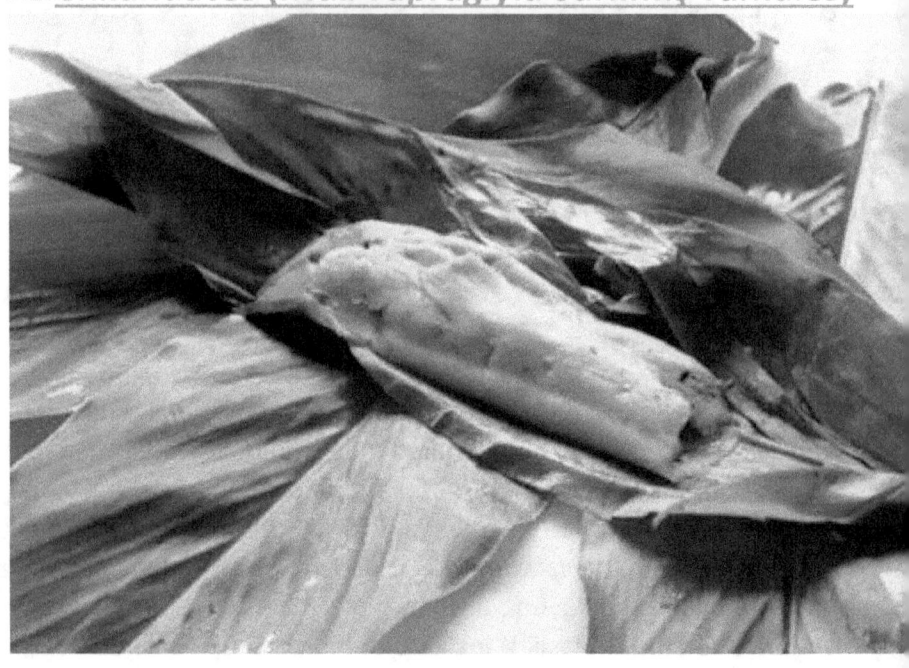

İÇİNDEKİLER:
- 1 su bardağı siyah fasulye
- 4 bardak masa harina
- ½ fincan sebze yağı
- 2 su bardağı sebze suyu, ılık
- 1 çay kaşığı tuz
- 1 çay kaşığı kabartma tozu
- 3 muz yaprağı
- ¼ bardak bitkisel yağ
- 1 diş sarımsak, ince doğranmış
- ½ bardak yeşil soğan, ince doğranmış
- 1 chayote kabak, ince doğranmış
- 6 jalapeno biberi, sapları alınmış ve ince doğranmış
- ½ bardak badem, beyazlatılmış ve ince doğranmış
- ¼ bardak doğranmış taze kişniş
- Tatmak için tuz

TALİMATLAR:

a) Siyah fasulyeleri orta boy bir tencereye koyun, su ekleyin ve kaynatın. Isıyı azaltın ve fasulyeler yumuşayıncaya kadar kapağı kapalı olarak 1-2 saat pişirin. Fasulyeler karıştırıldığında kabukları kolayca kırıldığında pişmiş demektir.

b) Bir karıştırma kabında, masa harina'yı sebze yağıyla birlikte ılık sebze suyuyla dönüşümlü olarak hafif ve kabarık hale gelinceye kadar yaklaşık 10 dakika çırpın. Tuz ve kabartma tozunu ekleyip 2 dakika daha çırpın.

c) Muz yapraklarını temizleyin ve kaynatın veya kömürleştirin (önceden pişirilmemişse). Sert damarları kesin ve yaprakları yaklaşık 8-10 inçlik kareler halinde kesin.

ç) Bitkisel yağı bir tavada ısıtın ve sarımsakları ve soğanları altın rengi olana kadar soteleyin. Chayote, jalapeno biberi, badem, kişniş ve pişmiş siyah fasulyeyi ekleyin. İyice karıştırın, karıştırın ve her şeyi birlikte pişirin. Tatmak için tuzla tatlandırın.

d) harinayı gözleme gibi yayın. Üzerine yaklaşık 2 çay kaşığı sebze/fasulye karışımı ekleyin. Yaprağı bir paket gibi katlayın ve kalan yapraklarla ve dolguyla aynı işlemi tekrarlayın.

e) Tamaleleri buharlayıcıya yerleştirin ve buharın geçmesine izin vermek için çapraz olarak üst üste getirin. Tencerenin kapağını kapatın ve ara sıra su seviyesini kontrol ederek en az 1½ saat buharda pişirin.

f) Pişirildikten sonra muz yapraklarını dikkatlice açın ve chilahuatları sıcak olarak servis edin. Muz yaprağına sarılı leziz tamalelerinizin tadını çıkarın!

73.Karides ve Mısır Tamales

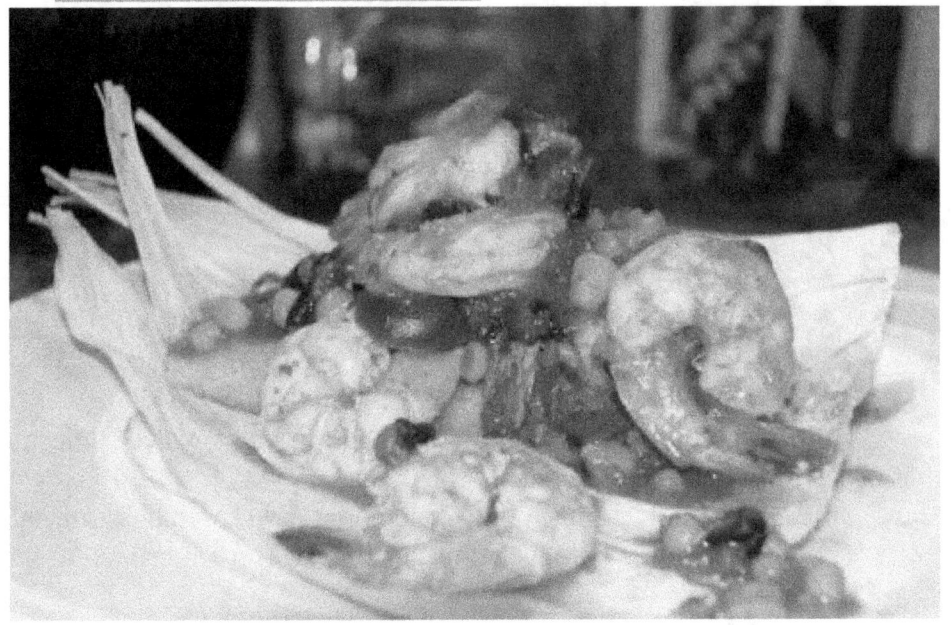

İÇİNDEKİLER:

- 2 bardak masa harina
- 1 su bardağı tavuk veya sebze suyu
- 1/2 bardak tuzsuz tereyağı, yumuşatılmış
- 1 su bardağı pişmiş karides, doğranmış
- 1 su bardağı mısır taneleri
- 1/4 su bardağı doğranmış taze kişniş
- 1 çay kaşığı kimyon
- Tatmak için biber ve tuz
- Sarmak için mısır kabuğu

TALİMATLAR:

a) Bir hamur oluşturmak için masa harina'yı et suyu ve yumuşatılmış tereyağıyla karıştırın.
b) Pişmiş karides, mısır, kişniş, kimyon, tuz ve karabiberi ekleyin.
c) Karışımı mısır kabuklarının üzerine yayın ve tamale şeklinde katlayın.
ç) 1-1,5 saat boyunca buharlayın.

74. Istakoz ve Avokado Tamales

İÇİNDEKİLER:

- 2 bardak masa harina
- 1 su bardağı balık veya sebze suyu
- 1/2 bardak tuzsuz tereyağı, yumuşatılmış
- 1 su bardağı pişmiş ıstakoz eti, doğranmış
- 1/2 bardak doğranmış avokado
- 1/4 bardak doğranmış taze maydanoz
- 1 çay kaşığı limon kabuğu rendesi
- Tatmak için tuz ve kırmızı biber
- Sarmak için mısır kabuğu

TALİMATLAR:

a) Bir hamur oluşturmak için masa harina'yı et suyu ve yumuşatılmış tereyağıyla karıştırın.

b) Pişmiş ıstakozu, doğranmış avokadoyu, maydanozu, limon kabuğu rendesini, tuzu ve acı biberi ekleyin.

c) Karışımı mısır kabuklarının üzerine yayın ve tamale şeklinde katlayın.

ç) 1-1,5 saat boyunca buharlayın.

75.Yengeç ve Közlenmiş Kırmızı Biber Tamales

İÇİNDEKİLER:

- 2 bardak masa harina
- 1 su bardağı balık veya sebze suyu
- 1/2 bardak tuzsuz tereyağı, yumuşatılmış
- 1 su bardağı parça yengeç eti
- 1/2 su bardağı közlenmiş kırmızı biber, doğranmış
- 1/4 su bardağı doğranmış yeşil soğan
- 1 çay kaşığı Eski Körfez baharatı
- Tatmak için tuz ve karabiber
- Sarmak için mısır kabuğu

TALİMATLAR:

a) Bir hamur oluşturmak için masa harina'yı et suyu ve yumuşatılmış tereyağıyla karıştırın.

b) eti , kavrulmuş kırmızı biber, yeşil soğan, Eski Körfez baharatı, tuz ve karabiberi ekleyin .

c) Karışımı mısır kabuklarının üzerine yayın ve tamale şeklinde katlayın.

ç) 1-1,5 saat boyunca buharlayın.

76.Somon ve Dereotu Tamales

İÇİNDEKİLER:
- 2 bardak masa harina
- 1 su bardağı balık veya sebze suyu
- 1/2 bardak tuzsuz tereyağı, yumuşatılmış
- 1 su bardağı pişmiş somon, kuşbaşı
- 1/4 bardak doğranmış taze dereotu
- 1/4 bardak kapari, süzülmüş
- 1 çay kaşığı limon kabuğu rendesi
- Tatmak için tuz ve beyaz biber
- Sarmak için mısır kabuğu

TALİMATLAR:
a) Bir hamur oluşturmak için masa harina'yı et suyu ve yumuşatılmış tereyağıyla karıştırın.
b) Pişmiş somonu, dereotunu, kapariyi, limon kabuğu rendesini, tuzu ve beyaz biberi ekleyin.
c) Karışımı mısır kabuklarının üzerine yayın ve tamale şeklinde katlayın.
ç) 1-1,5 saat boyunca buharlayın.

CHURROS

77.Temel Kızarmış Churros

İÇİNDEKİLER:

- 1 bardak su
- 2 ½ yemek kaşığı toz şeker
- ½ çay kaşığı tuz
- 2 yemek kaşığı bitkisel yağ
- 1 fincan çok amaçlı un
- Kızartmak için 2 litre sıvı yağ
- ½ su bardağı toz şeker (damak tadınıza göre ayarlayın)
- 1 çay kaşığı öğütülmüş tarçın

TALİMATLAR:

a) Orta ateşteki küçük bir tencerede suyu, 2 ½ yemek kaşığı toz şekeri, tuzu ve 2 yemek kaşığı bitkisel yağı birleştirin.
b) Karışımı kaynatın ve ardından ocaktan alın. Karışım bir top oluşana kadar unu karıştırın.
c) Kızartma yağını fritözde veya derin bir tencerede 375 derece F (190 derece C) sıcaklığa kadar ısıtın.
ç) Hamuru, orta boy yıldız uçla donatılmış sağlam bir hamur torbasına aktarın.
d) Fritözün aşırı kalabalıklaşmasını önlemek için gruplar halinde çalışarak, birkaç 5 ila 6 inçlik hamur şeritlerini sıcak yağa dikkatlice pipetleyin.
e) Churroları altın rengine dönene kadar kızartın. Churro'ları yağdan çıkarmak için bir örümcek veya oluklu kaşık kullanın ve süzülmesi için kağıt havluların üzerine koyun.
f) ½ su bardağı toz şekeri öğütülmüş tarçınla birleştirin.
g) Süzülmüş tatlıları tarçın ve şeker karışımına bulayın.
ğ) Şeker miktarını damak tadınıza göre ayarlayın.

78.Temel Fırında Churros

İÇİNDEKİLER:

- 1 bardak (8oz/225g) su
- ½ bardak (4oz/113g) tereyağı
- ½ çay kaşığı vanilya özü
- 2 yemek kaşığı şeker
- ¼ çay kaşığı tuz
- 143 gr sade un/çok amaçlı un
- 3 yumurta (oda sıcaklığında)

TALİMATLAR:

a) Fırını 200°C'ye (400°F) önceden ısıtın. Çizgi parşömen kağıdı; bir kenara koyun.
b) Orta boy bir tencereye su, şeker, tuz ve tereyağı ekleyin.
c) Orta-yüksek ateşte yerleştirin.
ç) Tereyağı eriyene ve karışım kaynamaya başlayana kadar ısıtın.
d) Kaynayınca unu ekleyip çırpın.
e) Un topakları kalmayıncaya ve bir hamur topu oluşana kadar çırpın.
f) Şimdi tahta bir kaşık kullanarak hamuru tencerenizin etrafında karıştırıp, DÜŞÜK ateşte yaklaşık bir dakika kadar pişirin.
g) Karışım topaklaşacak ve yanlardan çekilecek
ğ) Tahta kaşığınızı kullanarak yumurtalı karışımınızdan bir miktar hamurun içine ekleyin. Karıştırın ve ezin, hamuru gevşeyene kadar parçalayın. Yumurtalar eklenene ve karışım patates püresi görünümüne ulaşıncaya kadar iyice karıştırın.
h) Yumurtalarınızı birleşene kadar eklemeye devam edin
ı) Bunu torbaya baskı uygulayarak ve kesmek için makas kullanarak yavaşça sıkarak yapın.
i) Churro'lar arasında yaklaşık 2 inç boşluk bırakın.
j) Yaklaşık 18-22 dakika veya altın rengi kahverengi olana kadar pişirin.
k) SONRA fırını kapatın ve biraz kuruması için 10 dakika orada bırakın. Bu adım şekillerini korumalarına ve soğuduktan sonra düzleşmemelerine yardımcı olur.
l) Sadece bir dakikalığına yapın :), sonra ocaktan alın ve bir kenara koyun.
m) Bir sürahide yumurtaları ve vanilyayı birleştirin ve birlikte çırpın.

n) Hamurunuzu yıldız uçlu sıkma torbasına aktarın.
o) Hamuru parşömen kaplı tavalara uzun tatlılar halinde sıkın. Bunları güzel ve kalın bir şekilde boruladığınızdan emin olun.
ö) Kilitli bir torbada şekeri, tarçını ve tuzu birleştirin .
p) Churros'ları doğrudan fırından alın ve iyice kaplanana kadar karışımın içine atın. Bunu tatlılar sıcak ve fırından yeni çıkmışken yapmak en iyisidir.
r) Ev yapımı tatlılarınızın tadını çıkarın.

79.Tarçınlı Churros

İÇİNDEKİLER:

- ¼ fincan tereyağı
- 1 su bardağı şeker
- 1 yemek kaşığı şeker
- ½ su bardağı beyaz mısır unu
- ½ su bardağı un
- 3 büyük yumurta
- 2 çay kaşığı tarçın

TALİMATLAR:

a) Orta boy bir tencerede tereyağını 1 yemek kaşığı şeker, ½ çay kaşığı tuz ve 1 su bardağı su ile kaynatıncaya kadar ısıtın. tavayı ocaktan alın ; hemen mısır unu ve unu bir kerede ekleyin. Düşük sıcaklıkta,
b) Karışımı sürekli karıştırarak, hamur top haline gelinceye kadar yaklaşık 1 dakika pişirin. Yumurtaları teker teker ekleyerek , her eklemeden sonra hamur pürüzsüz hale gelinceye kadar kuvvetlice çırpın. fırın tepsisini kağıt havlularla hizalayın .
c) Kese kağıdı veya büyük bir kapta kalan şekeri tarçınla karıştırın. Derin, ağır bir tavada veya Hollandalı fırında 3 inç salata yağını 375 derece F'ye ısıtın. Hamuru 6 numaralı uç takılmış sıkma torbasına kaşıkla koyun. Sıcak yağın içine 5 "uzunluğunda hamur sıkın .
ç) Her iki tarafı da kızarana kadar, yaklaşık 1½ dakika kızartın. delikli bir kaşıkla tatlıları yağdan çıkarın ve bir fırın tepsisine yerleştirin. Hala sıcakken poşete koyun ve tarçın-şeker karışımıyla kaplayın. hemen servis yapın .

80. Beş Baharatlı Churros

İÇİNDEKİLER:
- Bitkisel yağ (kızartma için)
- ½ su bardağı + 2 yemek kaşığı şeker
- ¾ çay kaşığı öğütülmüş tarçın
- ¾ çay kaşığı beş baharat tozu
- 1 çubuk (8 yemek kaşığı) tuzsuz tereyağı (parçalara bölünmüş)
- ¼ çay kaşığı tuz
- 1 fincan çok amaçlı un
- 3 büyük yumurta

TALİMATLAR:
a) Büyük, ağır bir tencereye 2 inç bitkisel yağ doldurun ve derin kızartma termometresi kullanarak 350 derece F'ye ısıtın. Büyük yıldız uçlu bir pasta poşeti hazırlayın ve yanına kağıt havlularla kaplı bir tabak koyun.

b) Büyük bir tabakta ½ bardak şekeri, öğütülmüş tarçını ve beş baharat tozunu birleştirin.

c) Orta boy bir tencerede tereyağını, tuzu, kalan 2 yemek kaşığı şekeri ve 1 bardak suyu birleştirin. Bu karışımı orta ateşte kaynatın. Kaynayınca unu ekleyin ve karışım top haline gelinceye kadar tahta kaşıkla kuvvetlice karıştırın. Ocaktan alıp yumurtaları teker teker ekleyin ve her eklemeden sonra kuvvetlice karıştırın. Elde edilen hamuru hazırlanan sıkma torbasına dökün.

ç) Gruplar halinde çalışarak, hamurun yaklaşık 5 inçlik uzunluğunu sıcak yağa sıkın ve bir soyma bıçağı kullanarak uçlarını krema torbasından ayırın. Tencereyi aşırı doldurmadığınızdan emin olun. Churros'un her yeri koyu altın rengi kahverengi olana kadar kızartın, bu yaklaşık 6 dakika sürecektir.

d) Kısa bir süre süzülmeleri için astarlı tabağa aktarın, ardından beş baharatlı şeker karışımının bulunduğu tabağa aktarın ve eşit şekilde kaplayın.

e) Beş baharatlı tatlılarınızı hemen servis edin. Eğlence!

81. Baharatlı Mısır Churros

İÇİNDEKİLER:

SALSA VE QUESO İÇİN:
- 6 kurutulmuş kaskabel şili, sapları alınmış ve tohumları çıkarılmış
- 4 büyük domates, çekirdekleri çıkarılmış
- 2 adet Fresno biberi, sapları alınmış
- ¾ beyaz soğan, soyulmuş, dilimler halinde kesilmiş
- 2 diş sarımsak, soyulmuş
- 2 yemek kaşığı taze limon suyu
- Kaşer tuzu
- 3 yemek kaşığı tuzsuz tereyağı
- 2 yemek kaşığı çok amaçlı un
- 1 ½ bardak süt (veya daha fazla)
- ½ pound Monterey jack peyniri, rendelenmiş
- ½ pound kaşar peyniri, rendelenmiş (genç, orta veya keskin)

CHURROS İÇİN:
- 1 yemek kaşığı biber tozu
- 2/3 su bardağı süt
- 6 yemek kaşığı tuzsuz tereyağı
- ½ çay kaşığı öğütülmüş kimyon
- ½ bardak çok amaçlı un
- ½ bardak mısır unu
- 3 büyük yumurta
- Bitkisel yağ (kızartma için yaklaşık 12 su bardağı)

TALİMATLAR:
a) Fırını önceden 350°F'ye ısıtın. Cascabel'i kızartın güzel kokulu olana ve yaklaşık 5 dakika hafifçe kızarana kadar biberler . Biberleri fırın tepsisinden çıkarın ve soğumaya bırakın.
b) Fırın sıcaklığını 450°F'a yükseltin. Domatesleri, Fresno biberlerini ve soğanı kenarlı bir fırın tepsisinde, kabukları kızarana ve etinden ayrılmaya başlayana kadar 30-35 dakika kadar kavurun. Bunları bir karıştırıcıya aktarın ve sarımsak, limon suyu ve 2 çay kaşığı tuz ekleyin; Pürüzsüz olana kadar karıştır. Kızartılmış Cascabel'i ekleyin biberleri irice kıyılana kadar karıştırın. Servis yapmaya hazır olana kadar oda sıcaklığında bekletin.
c) Orta boy bir tencerede, orta ateşte tereyağını eritin. Unu karıştırın ve yaklaşık 1 dakika karışıncaya kadar pişirin. Sütü çırpın ve karışım kaynayıp koyulaşana kadar yaklaşık 4 dakika pişirmeye devam edin. Isıyı en aza indirin, yavaş yavaş her iki peyniri de ekleyin ve peynir tamamen eriyene ve queso pürüzsüz hale gelinceye kadar sürekli karıştırarak pişirin. Çok koyu görünüyorsa biraz daha süt ilave edin. Servis yapmaya hazır olana kadar queso'yu sıcak tutun .
ç) Yıldız uçlu bir pasta poşeti takın. Küçük bir kapta biber tozunu ve 1 yemek kaşığı tuzu çırpın; bir kenara koyun.
d) Orta-yüksek ateşte orta boy bir tencerede süt, tereyağı, kimyon, 1¼ çay kaşığı tuz ve ½ bardak suyu kaynatın.
e) Tahta bir kaşık kullanarak unu ve mısır ununu bir kerede ekleyin ve hamur bir araya gelinceye kadar yaklaşık 30 saniye kuvvetlice karıştırın.
f) Mısır ununu nemlendirmek için tavada 10 dakika bekletin. Karışımı bir stand mikserinin kasesine veya büyük bir kaseye aktarın.
g) Orta-düşük hızda, kürek aparatı takılı bir stand mikser kullanarak, yumurtaları birer birer hamura ekleyin ve bir sonrakini eklemeden önce her bir yumurtayı dahil ettiğinizden emin olun (alternatif olarak, bir tahta kaşıkla kuvvetlice karıştırın). Hamur ilk başta kırılmış gibi görünecek; Hamur pürüzsüz, parlak ve biraz esnek olana kadar kaseyi ara sıra kazıyarak çırpmaya devam edin (hamurdan küçük bir parça çekin ve gerin; kırılmamalıdır) . Hazırladığınız sıkma torbasına hamuru kaşıkla dökün.

ğ) Geniş bir tencereye kenarları yarısına gelecek şekilde yağ dökün. Tencereye bir termometre yerleştirin ve termometre 350°F'yi gösterene kadar orta-yüksek ateşte ısıtın. Torbayı, ucu yağın yüzeyinden birkaç inç yukarıda olacak şekilde açılı tutun, hamuru sıkın, sıkarken torbayı hareket ettirin, böylece hamur 6 inç uzunluğunda yağın içine aktarılır . Bir soyma bıçağı kullanarak, Hamurun ucunu kesip yağın içine bırakın.4 hamur uzunluğu daha elde etmek için işlemi tekrarlayın .

h) Churros'ları, bir kez çevirerek ve yağ sıcaklığını korumak için ısıyı gerektiği gibi ayarlayarak, her tarafı altın rengi kahverengi olana kadar, her tarafı 2-3 dakika kızartın. Bunları kağıt havluyla kaplı bir fırın tepsisine aktarın. Kalan hamurla tekrarlayın.

ı) Sıcak tatlıları ayrılmış biber-tuz karışımıyla serpin. Salsa'yı sıcak queso'nun üzerine dökün ve birleştirmek için girdap yapın; sıcak tatlılarla servis yapın. Eğlence!

82.Çikolatalı Churros

İÇİNDEKİLER:

- 1 bardak su
- 2 yemek kaşığı şeker
- ½ çay kaşığı tuz
- 2 yemek kaşığı bitkisel yağ
- 1 fincan çok amaçlı un
- Kızartmak için bitkisel yağ
- ¼ su bardağı pudra şekeri (üzerine serpmek için)
- ½ su bardağı damla çikolata
- ¼ bardak ağır krema

TALİMATLAR:

a) Bir tencerede su, şeker, tuz ve bitkisel yağı birleştirin. Karışımı kaynatın.
b) Tencereyi ocaktan alıp unu ekleyin. Karışım bir hamur topu oluşana kadar karıştırın.
c) Bitkisel yağı derin bir tavada veya tencerede orta ateşte ısıtın.
ç) Hamuru yıldız uçlu sıkma torbasına aktarın.
d) Hamuru sıcak yağın içine sıkın ve bir bıçak veya makasla 4-6 inç uzunluğunda kesin.
e) Her tarafı altın rengi olana kadar ara sıra çevirerek kızartın.
f) Churros'u yağdan çıkarın ve bir kağıt havlu üzerine boşaltın.
g) Churroları pudra şekeri ile tozlayın.
ğ) Mikrodalgaya dayanıklı bir kapta çikolata parçacıklarını ve kremayı birleştirin. Mikrodalgada 30 saniyelik aralıklarla, pürüzsüz hale gelinceye kadar karıştırın.
h) Churros'ları daldırma için çikolata sosuyla servis edin.

83.Karamel Dolgulu Churros

İÇİNDEKİLER:
- 1 bardak su
- 2 yemek kaşığı şeker
- ½ çay kaşığı tuz
- 2 yemek kaşığı bitkisel yağ
- 1 fincan çok amaçlı un
- Kızartmak için bitkisel yağ
- ¼ su bardağı şeker (kaplama için)
- 1 çay kaşığı toz tarçın (kaplama için)
- Hazır karamel sosu

TALİMATLAR:
a) Bir tencerede su, şeker, tuz ve bitkisel yağı birleştirin. Karışımı kaynatın.
b) Tencereyi ocaktan alıp unu ekleyin. Karışım bir hamur topu oluşana kadar karıştırın.
c) Bitkisel yağı derin bir tavada veya tencerede orta ateşte ısıtın.
ç) Hamuru yıldız uçlu sıkma torbasına aktarın.
d) Hamuru sıcak yağın içine sıkın ve bir bıçak veya makasla 4-6 inç uzunluğunda kesin.
e) Her tarafı altın rengi olana kadar ara sıra çevirerek kızartın.
f) Churros'u yağdan çıkarın ve bir kağıt havlu üzerine boşaltın.
g) Ayrı bir kapta şekeri ve tarçını birleştirin. Churros'ları tarçınlı şeker karışımında kaplanana kadar yuvarlayın.
ğ) Bir şırınga veya hamur torbası kullanarak churros'ları hazırlanmış karamel sosla doldurun.
h) Karamel dolgulu tatlıları sıcak olarak servis edin.

84. Dulce De Leche Churros

İÇİNDEKİLER:

- 1 bardak su
- 2 yemek kaşığı şeker
- ½ çay kaşığı tuz
- 2 yemek kaşığı bitkisel yağ
- 1 fincan çok amaçlı un
- Kızartmak için bitkisel yağ
- ¼ su bardağı şeker (kaplama için)
- 1 çay kaşığı toz tarçın (kaplama için)
- Dulce de leche hazırlandı

TALİMATLAR:

a) Bir tencerede su, şeker, tuz ve bitkisel yağı birleştirin. Karışımı kaynatın.
b) Tencereyi ocaktan alıp unu ekleyin. Karışım bir hamur topu oluşana kadar karıştırın.
c) Bitkisel yağı derin bir tavada veya tencerede orta ateşte ısıtın.
ç) Hamuru yıldız uçlu sıkma torbasına aktarın.
d) Hamuru sıcak yağın içine sıkın ve bir bıçak veya makasla 4-6 inç uzunluğunda kesin.
e) Her tarafı altın rengi olana kadar ara sıra çevirerek kızartın.
f) Churros'u yağdan çıkarın ve bir kağıt havlu üzerine boşaltın.
g) Ayrı bir kapta şekeri ve tarçını birleştirin. Churros'ları tarçınlı şeker karışımında kaplanana kadar yuvarlayın.
ğ) Churros'ları daldırma için hazırlanmış dulce de leche ile servis edin.

TURTA

85.Çikolatalı Turta

İÇİNDEKİLER:

- 1 su bardağı şeker
- 4 yumurta
- 2 bardak süt
- ½ bardak ağır krema
- 1 çay kaşığı vanilya özü
- 4 ons acı tatlı çikolata, doğranmış

TALİMATLAR:

a) Fırını önceden 350°F'ye ısıtın.
b) Küçük bir tencerede şekeri orta ateşte altın kahverengi karamel haline gelinceye kadar eritin.
c) Karameli 9 inçlik yuvarlak bir kek kalıbına dökün, altını ve yanlarını kaplayacak şekilde tavayı döndürün.
ç) Büyük bir kapta yumurtaları, sütü, kremayı, vanilya özütünü ve doğranmış çikolatayı pürüzsüz hale gelinceye kadar çırpın.
d) Yumurta karışımını kek kalıbına dökün ve tavayı sıcak suyla doldurulmuş daha büyük bir pişirme kabına yerleştirin ve bir su banyosu oluşturun.
e) 50-60 dakika kadar veya turta sertleşene, ancak ortası hala hafifçe titreyene kadar pişirin.
f) Tavayı su banyosundan çıkarın ve oda sıcaklığına soğumasını bekleyin.
g) Üzerini kapatıp buzdolabında en az 2 saat ya da gece boyunca soğutun.
ğ) Servis yapmak için tavanın kenarına bir bıçak gezdirin ve turtayı servis tabağına ters çevirin.

86.Vanilyalı Baileys Karamelli Turta

İÇİNDEKİLER:

- ¾ bardak şeker
- ¼ bardak su
- 14 ons yoğunlaştırılmış süt olabilir
- 12 ons buharlaştırılmış süt olabilir
- 3 büyük yumurta
- ½ bardak Baileys
- ½ yemek kaşığı vanilya özü
- bir tutam tuz

TALİMATLAR:

a) Fırını 350F'ye önceden ısıtın.
b) Şekeri ve suyu küçük bir tencerede pişirerek altın kahverengi şeker şurubu yapın. Börek tavanızı hazırlayın!
c) Sıcak şekerli karameli turta kabının her tarafına, yanlarını ve altını iyice kaplayacak şekilde döndürün. Bir kenara koyun.
ç) Yoğunlaştırılmış süt, buharlaştırılmış süt, yumurta, Baileys, vanilya özü ve tuzu birlikte çırpın.
d) Tart kalıbına dökün ve su banyosunda ortası sallanıncaya kadar yaklaşık 1 saat pişirin.
e) Gece boyunca bekletin ve kalıptan çıkarın, karameli gevşetmek için tavayı ılık suya koyun. Hızla bir tabağa ters çevirin ve soğuk olarak servis yapın.

87. Baharatlı Horchata Turtası

İÇİNDEKİLER:
- ¾ su bardağı toz şeker
- Kaşer tuzu
- ½ çay kaşığı öğütülmüş tarçın
- ⅛ çay kaşığı kırmızı biber (veya ne kadar ısıyı sevdiğinize bağlı olarak daha fazla)
- 10 Pete ve Gerry'nin Organik Yumurta Sarısı
- 6 ons horchata konsantresi
- 2 (12 ons) kutu buharlaştırılmış süt

TALİMATLAR:
a) Fırını 350°F'ye ısıtın. 3 yemek kaşığı su, şeker ve bir tutam tuzu küçük bir tencerede orta-yüksek ateşte birleştirin. Karıştırmadan şekeri tamamen eriyene kadar yaklaşık 5 dakika eritin.

b) Şeker eridikten sonra ısıyı orta-düşük seviyeye getirin ve koyu kehribar rengi oluncaya kadar pişirmeye devam edin, tavayı ara sıra hafifçe döndürerek 15 ila 18 dakika kadar pişirin. Gerekirse ısıyı düşük seviyeye ayarlayın.

c) Karamel koyu kehribar rengine ulaştığında ısıyı azaltın, öğütülmüş tarçını ve kırmızı biberi ekleyin ve birleştirmek için tavayı kuvvetlice döndürün. Daha sonra karamelleri hemen 8 inçlik bir kek kalıbına dökün veya kalıplara eşit olarak bölün. Karamelin tamamen soğumasını bekleyin.

ç) Karamel soğurken büyük bir kapta yumurta sarısını, horchata konsantresini ve buharlaştırılmış sütü birleştirin. Dairesel hareketlerle çok nazikçe çırpın. Ne kadar sert çırparsanız, muhallebinizde o kadar çok kabarcık oluşacak ve bitmiş üründe kabarcıklar kalacaktır.

d) Karışımı bir süzgeçten geçirerek yavaşça bir ölçüm kabına dökün. Yaklaşık 4 bardak karışımınız olmalı. Oluşan kabarcıkların çökmesi için karışımın beklemesine izin verin. Karışımı kek kalıbına dökün veya karışımı eşit şekilde kalıplara bölün.

e) Turta tavasını bir kızartma tavasının içine yerleştirin, ardından kızartma tavasını fırına yerleştirin. Kızartma tavasına, turta tavasını yaklaşık 1 inç su ile çevreleyecek şekilde kaynayan su ekleyin.

Böreği kenarları sertleşene ve ortası hala titreyene kadar 40 ila 45 dakika pişirin.

f) Turta tavasını su banyosundan çıkarın ve oda sıcaklığına kadar soğumaya bırakın. Buzdolabına aktarın ve yaklaşık 4 saat bekletin. Servis yapmaya hazır olduğunuzda, turtayı buzdolabından çıkarın ve 10 dakika bekletin. Kenarlarına bir bıçak sürün ve üstüne bir servis tabağını baş aşağı yerleştirin. Turtayı tabağa ters çevirin ve gevşek karamelleri kazıyın.

88.Yenibahar Turtası

İÇİNDEKİLER:

- 1 su bardağı toz şeker
- 6 büyük yumurta
- 1 kutu (14 ons) şekerli yoğunlaştırılmış süt
- 2 bardak tam yağlı süt
- 1 çay kaşığı vanilya özü
- 1 çay kaşığı öğütülmüş yenibahar

TALİMATLAR:

a) Fırınınızı 350°F'ye önceden ısıtın.
b) Şekeri küçük bir tencerede orta ateşte ısıtın, sürekli karıştırarak eriyene ve altın kahverengiye dönene kadar pişirin.
c) Karameli 9 inçlik yuvarlak bir kek kalıbına dökün ve tavanın altını ve yanlarını kaplayacak şekilde çevirin.
ç) Büyük bir karıştırma kabında yumurtaları, yoğunlaştırılmış sütü, tam yağlı sütü, vanilya ekstraktını ve öğütülmüş yenibaharı iyice birleşene kadar çırpın.
d) Karışımı hazırlanan tavaya dökün.
e) Tavayı büyük bir kızartma tavasına yerleştirin ve kızartma tavasına, kek kalıbının yarısına kadar gelecek kadar sıcak su dökün.
f) Yaklaşık 50-55 dakika veya turta sertleşip ortası hala titreyene kadar pişirin.
g) Kek kalıbını su banyosundan çıkarın ve oda sıcaklığına soğumasını bekleyin.
ğ) Soğuduktan sonra turtayı servis tabağına ters çevirin ve bir tutam öğütülmüş yenibaharla süsleyin.

TRES LECHES KEK

89.Passionfruit Tres Leches Kek

İÇİNDEKİLER:
KEK İÇİN:
- 12 yemek kaşığı (170 gr) oda sıcaklığında tuzsuz tereyağı
- 1 ½ su bardağı (297 gr) toz şeker
- 7 büyük (397 gr) yumurta
- 1 ½ çay kaşığı (7 gr) vanilya özü
- 2 ¼ bardak (271 g) çok amaçlı un
- 1 ½ çay kaşığı (6 gr) kabartma tozu
- ¾ çay kaşığı (3 gr) ince deniz tuzu

ISLATMA:
- ¾ bardak (185 g) çarkıfelek meyvesi suyu (Goya markası önerilir)
- ½ su bardağı (112 gr) tam yağlı süt
- Bir (14 ons) kutu şekerli yoğunlaştırılmış süt
- Bir (12 ons) kutu buharlaştırılmış süt
- Bitirmek için hafifçe tatlandırılmış çırpılmış krema
- Bitirmek için çarkıfelek meyvesi posası

TALİMATLAR:

a) Fırını önceden 350°F'ye ısıtın. 9x13'lük bir tavayı yapışmaz spreyle hafifçe yağlayın.
b) Kürek aparatı takılı bir elektrikli karıştırıcının kasesinde, tereyağını ve şekeri hafif ve kabarık olana kadar 4-5 dakika kremalayın.
c) Yumurtaları birer birer ekleyin ve birleştirmek için iyice karıştırın. Vanilyayı ekleyin ve birleştirmek için karıştırın.
ç) Orta boy bir kapta un, kabartma tozu ve tuzu birleştirmek için çırpın. Karışımı miksere ekleyin ve sadece karışana kadar karıştırın. Hamurun eşit şekilde birleştiğinden emin olmak için iyice kazıyın.
d) Karışımı hazırlanan fırın tepsisine dökün. Ortasına batırdığınız kürdan temiz çıkana kadar, 38-40 dakika pişirin. Tamamen soğumaya bırakın.
e) Kekin her yerini tahta şişle delin. Çarkıfelek meyvesi suyunu tüm pastanın üzerine eşit şekilde dökün. Dökme ağzı olan büyük bir kapta sütü, şekerli yoğunlaştırılmış sütü ve buharlaştırılmış sütü birleştirmek için çırpın.
f) Karışımı kekin her yerine yavaşça dökün ve deliklerden içeri girmesini sağlayın. Yüzeyde bir miktar sıvı birikirse, emilene kadar kekin üzerine tekrar kaşıklayın (yaklaşık 30 dakika bekletin).
g) Pastayı çırpılmış krema ve taze çarkıfelek meyvesi posası ile tamamlayın. Hemen servis yapın veya servis yapmadan önce 5 saate kadar buzdolabında saklayın.

90. Guava Tres Leches Kek

İÇİNDEKİLER:
KEK İÇİN:
- 1 ¾ su bardağı un
- 1 çay kaşığı kabartma tozu
- ¼ çay kaşığı tuz
- 6 yumurta, sarılarını beyazlarından ayırın
- ½ su bardağı tuzsuz tereyağı, oda sıcaklığında
- 1 su bardağı beyaz toz şeker
- ½ bardak tam yağlı süt
- 2 çay kaşığı vanilya özü

TRES LECHES GLAZE İÇİN:
- 14 ons şekerli yoğunlaştırılmış süt
- 12 ons buharlaştırılmış süt
- 12 ons tam yağlı süt (tadına göre daha fazla ekleyebilirsiniz)

ŞANTİ KREMA VE GUAVA SOSU İÇİN:
- 2 bardak ağır krema
- 3 yemek kaşığı beyaz toz şeker
- 1 çay kaşığı vanilya özü
- ½ su bardağı guava marmelatı (damak tadınıza göre arttırabilirsiniz)

TALİMATLAR:
KEK YAPIMI:
a) Bir kapta un, kabartma tozu ve tuzu birlikte çırpın. Bir kenara koyun.
b) Yumurtaları ayırın, beyazlarını temiz bir kaseye koyun.
c) Bir stand mikserinde tereyağı ve şekeri birleştirin. Kremsi bir kıvam alana kadar (yaklaşık 3-5 dakika) karıştırın.
ç) Yumurta sarılarını teker teker ekleyin ve her eklemeden sonra karıştırın.
d) Vanilya özü ve ½ bardak sütü karıştırın.
e) Fırını 350 derece F'ye önceden ısıtın.
f) Gerektiğinde kasenin kenarlarını kazıyarak un karışımını yavaş yavaş ıslak malzemelere ekleyin.
g) Hamuru ayrı bir kaseye aktarın.
ğ) Temiz bir karıştırma kabında yumurta aklarını sert zirveler oluşuncaya kadar çırpın.

h) Çırpılmış yumurta aklarını kek hamuruna katlayın.
ı) 9x13'lük bir fırın tepsisini yağlayın ve hamuru dökün.
i) 350 derece F'de 25-30 dakika veya kürdan kuru çıkana kadar pişirin.
j) Keki fırından alıp üzerine çatal yardımıyla delikler açın.
k) Bir kapta şekerli yoğunlaştırılmış sütü, buharlaştırılmış sütü ve tam yağlı sütü karıştırın. Sırları kekin üzerine her seferinde yarım bardak dökün, 2-3 kez tekrarlayın.
l) Üstüne çırpılmış krema ve guava marmelat dolgularını ekleyin. Guava marmelatını çırpılmış kremaya karıştırın.
m) Servis yapmadan önce en az 4 saat veya bir gece buzdolabında bekletin.

ŞANTİ KREMA ÜSTÜ:
n) Bir stand mikserine ağır krema, şeker ve vanilya özü ekleyin.
o) Sert zirveler oluşana ve çırpılmış kremaya benzeyene kadar yüksek hızda karıştırın. Aşırı karıştırmayın.
ö) Tamamen soğumuş pastayı çırpılmış krema ve guava marmelat dolgularıyla doldurun. Eğlence!

91.Baileys Tres Leches Pastası

İÇİNDEKİLER:
KEK İÇİN:
- 1 ½ bardak (6,75 ons veya 191 gram) çok amaçlı un
- 1 ½ çay kaşığı kabartma tozu
- ½ çay kaşığı koşer tuzu
- ½ bardak (4 ons veya 113 gram) tam yağlı süt
- 1 ½ çay kaşığı saf vanilya özü
- Akları ve sarıları ayrılmış 6 büyük yumurta
- 1 su bardağı (7 ons veya 198 gram) toz şeker

BAILEYS TRES LECHES SOAK İÇİN:
- 1 (14 ons) yoğunlaştırılmış sütle tatlandırılabilir
- 1 (12 ons) kutu buharlaştırılmış süt
- ½ fincan (4 ons veya 113 gram) Baileys İrlanda Kreması

KREMA İÇİN:
- 1 ½ bardak (12 ons veya 340 gram) soğuk ağır krema
- ¼ bardak (1 ons veya 28 gram) şekerleme şekeri, gerekirse elenmiş
- Süslemek için kakao tozu
- Garnitür için espresso tozu

TALİMATLAR:
BAILEYS TRES LECHES KEK İÇİN:

a) Fırını önceden 350°F'ye ısıtın ve 9 x 13 inçlik kek kalıbına pişirme spreyini cömertçe püskürtün.

b) Unu, kabartma tozunu ve tuzu küçük bir kapta birlikte çırpın. Ayrı bir kapta sütü ve vanilyayı birlikte çırpın.

c) Stand mikserinde yumurta aklarını sert zirveler oluşuncaya kadar çırpın. Başka bir kapta yumurta sarılarını ve şekeri açık sarı olana kadar çırpın. Islak malzemeleri yavaş yavaş ekleyip kuru malzemeleri ve yumurta aklarını ekleyip karıştırın.

ç) Hamuru hazırlanan tavaya dökün ve 18 ila 20 dakika pişirin. Tel raf üzerinde tamamen soğutun.

ISLATMAK İÇİN:

d) Kek soğuduktan sonra üzerine çatal yardımıyla delikler açın. Bir ölçüm kabında, şekerli yoğunlaştırılmış sütü, buharlaştırılmış sütü ve Baileys'i birlikte çırpın. Yavaşça kekin üzerine dökün ve sıvının emilmesini sağlayın. 3 ila 4 saat veya gece boyunca buzdolabında saklayın.

KREMA ŞANTİ İÇİN:

e) Bir stand mikserinde soğuk ağır kremayı ve şekerleme şekerini birleştirin. Yumuşak tepeler oluşuncaya kadar çırpın.

SERVİS İÇİN MONTAJ:

f) Krem şantiyi spatula yardımıyla kekin üzerine yayın.
g) Kakao tozu ve espresso tozu ile süsleyin.

92. Beyaz Rus Tres Lech'ler

İÇİNDEKİLER:

KEK İÇİN:
- 1 ¾ su bardağı kek unu
- 2 çay kaşığı kabartma tozu
- 4 yumurta, ayrılmış
- 1 ½ su bardağı toz şeker
- ¼ çay kaşığı tuz
- 2 çay kaşığı vanilya özü
- ½ bardak tam yağlı süt

SOSU İÇİN:
- 1 (14 ons) yoğunlaştırılmış süt olabilir
- 1 (12 ons) kutu buharlaştırılmış süt
- ½ bardak tam yağlı süt
- ⅓ fincan votka
- ⅓ fincan kahve likörü (Kahlua gibi)
- ⅓ fincan İrlanda kremalı likörü (Bailey's gibi)

ÜSTÜ İÇİN:
- 2 bardak ağır krema
- 1 ½ yemek kaşığı toz şeker
- 2 çay kaşığı vanilya özü
- Toz almak için şekersiz kakao tozu (isteğe bağlı)

TALİMATLAR:

a) Fırınınızı 350°F'ye (177°C, işaret 4) önceden ısıtın.

b) Kek ununu, kabartma tozunu ve tuzu birlikte eleyin. Bir kenara koyun.

c) Çırpma ataşmanı olan bir stand mikserinde veya el mikseri olan büyük bir karıştırma kabında, yumurta aklarını köpük banyosuna benzeyene kadar orta hızda çırpın. 1,5 su bardağı şekeri ekleyin ve sert tepecikler oluşuncaya kadar yüksek hızda çırpın.

ç) Yumurta sarılarını teker teker yavaşça çırpın. Kuru malzemelerin yarısını, sütün yarısını ve vanilya özünü, kuru malzemelerin geri kalanını ve kalan sütü ekleyin. Birleşene kadar karıştırın, ardından 9x13 inçlik bir pişirme kabına dökün.

d) Ortasına yerleştirilen test cihazı temiz çıkana kadar 30-35 dakika pişirin.

e) Sos malzemelerini bir kapta pürüzsüz hale gelinceye kadar karıştırın. Kek hala sıcakken kürdan yardımıyla üst kısmına delikler açın ve sosu kekin üzerine eşit şekilde dökün.
f) Pastayı en az 2 saat veya önceden yapılmışsa bir gece buzdolabında bekletin.
g) Üzeri için kremayı ve şekeri sert tepecikler oluşana kadar yüksek hızda çırpın. Vanilyayı karıştırın.
ğ) Çırpılmış kremayı pastanın üzerine sıkın veya yayın ve istenirse şekersiz kakao tozu ile tozlayın.
h) Servis yapın ve tadını çıkarın!

93.Şeftali Bourbon Tres Leches

İÇİNDEKİLER:

KEK İÇİN:
- 1 fincan çok amaçlı un
- 1 ½ çay kaşığı kabartma tozu
- ¼ çay kaşığı tuz
- 5 yumurta, oda sıcaklığı
- 1 su bardağı şeker, bölünmüş
- ⅓ bardak süt
- ½ çay kaşığı vanilya özü

SÜT KARIŞIMI İÇİN:
- 1 (14 ons) yoğunlaştırılmış sütle tatlandırılabilir
- 1 (12 ons) kutu buharlaştırılmış süt
- ¾ bardak ağır krem şanti
- ¼ fincan burbon
- ½ çay kaşığı tarçın

MONTAJ İÇİN:
- 4 ila 5 şeftali, istenirse soyulmuş ve dilimlenmiş

ŞARTLANMIŞ TEPSİ:
- 2 ½ bardak ağır krema
- ¼ bardak şeker

TALİMATLAR:

a) Fırını 350 dereceye kadar önceden ısıtın. 9X13 inçlik bir tavayı yağlayın. Tavayı parşömen kağıdıyla hizalayın ve hafifçe yağlayın.

b) Un, kabartma tozu ve tuzu birlikte eleyin.

c) Elektrikli karıştırıcıda, yumurta sarılarını ¾ su bardağı şekerle orta hızda, krema kıvamına gelinceye kadar (yaklaşık 2 dakika) çırpın. Süt ve vanilyayı çırpın.

ç) Temiz bir karıştırma kabında, yumurta aklarını düşük hızda başlayıp yüksek hıza çıkarak yumuşak zirveler oluşuncaya kadar (yaklaşık 2 ila 3 dakika) çırpın. Yavaş yavaş ¼ bardak şekeri ekleyin ve sert zirveler oluşana kadar çırpmaya devam edin.

d) Üçte bir çalışarak, plastik bir spatula kullanarak un karışımının ⅓'ünü ve ardından yumurta aklarının ⅓'ünü yumurta sarısı karışımına ekleyin. Bu işlemi 2 kez daha tekrarlayın.

e) Hamuru hazırlanan tavaya dökün ve 20 ila 25 dakika pişirin. Pastayı 5 dakika soğumaya bırakın, ardından soğutma rafına ters çevirin, parşömen kağıdını soyun ve tamamen soğumasını bekleyin. Pastayı fırın tepsisine geri koyun.
f) Orta boy bir kapta, şekerli yoğunlaştırılmış süt, buharlaştırılmış süt, ¾ bardak ağır krem şanti, burbon ve tarçını birlikte çırpın.
g) Kekin her yerine çatalla delikler açın ve burbon karışımını yavaşça kekin üzerine dökün.
ğ) Pastayı plastik ambalajla örtün ve en az 4 saat veya gece boyunca buzdolabında saklayın.
h) Pastanın üstünü şeftali dilimleriyle kaplayın ve birkaç dilimini süslemek için ayırın.
ı) Çırpılmış tepeyi yapmak için, ağır kremayı elektrikli karıştırıcıyla orta hızda çırpın. Koyulaşmaya başlayınca yavaş yavaş şekeri ekleyin. Sağlam zirvelere ulaşıncaya kadar çırpmaya devam edin. Kekin üzerine paylaştırın.
i) Ayrılmış şeftali dilimleri ile süsleyin.
j) Bu harika, kremsi ve zengin Peach Bourbon Tres'in tadını çıkarın Bir sonraki yaz buluşmanızda Leches Pastası!

94. Margarita Tres Leches Pastası

İÇİNDEKİLER:
- 4 büyük yumurta, ayrılmış
- 1 su bardağı şeker
- ½ fincan tekila
- ½ su bardağı eritilmiş tereyağı
- 6 yemek kaşığı limon suyu, bölünmüş
- 1 çay kaşığı vanilya özü
- 1-¾ su bardağı çok amaçlı un
- 1 çay kaşığı karbonat
- ½ çay kaşığı tuz
- ½ su bardağı şekerleme şekeri
- 1 çay kaşığı tartar kreması
- 1 kutu (14 ons) şekerli yoğunlaştırılmış süt
- 1 bardak %2 süt
- ½ su bardağı buharlaştırılmış süt
- ½ bardak ağır krem şanti
- İsteğe bağlı: Krem şanti, limon dilimleri ve lezzet

TALİMATLAR:

a) Yumurta aklarını geniş bir kaseye koyun; 30 dakika oda sıcaklığında bekletin. 13x9 inçlik bir kalıbı yağlayın ve unlayın. pişirme tavası; bir kenara koyun. Fırını 375°'ye önceden ısıtın.

b) Şeker, tekila, eritilmiş tereyağı, yumurta sarısı, 3 yemek kaşığı limon suyu ve vanilyayı iyice karışana kadar çırpın. Un, kabartma tozu ve tuzu birleştirin; Harmanlanana kadar yavaş yavaş yumurta sarısı karışımına çırpın.

c) Yumurta aklarına şekerleme şekeri ve tartar kremini ekleyin; Sert zirveler oluşana kadar temiz çırpıcılarla çırpın. Hamurun içine katlayın. Hazırlanan tavaya aktarın.

ç) Ortasına batırdığınız kürdan temiz çıkana kadar, 18-20 dakika pişirin. Tavayı tel rafın üzerine yerleştirin. Tahta bir şişle pastanın üzerine yaklaşık ½ inç aralıklarla delikler açın.

d) Yoğunlaştırılmış süt, %2 süt, buharlaştırılmış süt, krem şanti ve kalan limon suyunu karışana kadar çırpın. Kekin üzerine gezdirin; 30 dakika bekletin. Servis yapmadan önce 2 saat buzdolabında bekletin.

e) Pastayı karelere kesin. İstenirse çırpılmış krema, limon dilimleri ve lezzet ile süsleyin.

95.Balkabağı Baharatı Tres Leches Pastası

İÇİNDEKİLER:
KEK İÇİN:
- 1½ su bardağı toz beyaz şeker
- 15 ons (1 kutu) saf kabak püresi (kabaklı turta dolgusu kullanmayın)
- ¾ bardak bitkisel veya kanola yağı
- 2 çay kaşığı saf vanilya özü
- 4 büyük yumurta
- 2 fincan çok amaçlı un
- 2 çay kaşığı kabartma tozu
- 1 çay kaşığı karbonat
- ½ çay kaşığı tuz
- 2 çay kaşığı öğütülmüş tarçın
- 1½ çay kaşığı balkabağı turtası baharatı

TRES LECHES DOLGUSU İÇİN:
- ¾ bardak ağır krem şanti
- 12 ons buharlaştırılmış süt (bir kutu)
- 14 ons şekerli yoğunlaştırılmış süt (bir kutu)

KREM ŞANTİ BUZLANMASI İÇİN:
- 1¼ bardak ağır krem şanti
- ¼ bardak şekerleme şekeri
- Üstünü tozlamak için öğütülmüş tarçın (isteğe bağlı)

TALİMATLAR:
a) Fırını önceden 350°F'ye ısıtın. 13x9 hafif metal dikdörtgen fırın tepsisini pişirme spreyi ile yağlayın. Bir kenara koyun.

b) Büyük bir stand mikseri kabında, toz şekeri, kabak püresini, yağı, yumurtaları ve vanilya özünü birleşene kadar birleştirin. Ayrı bir kapta un, kabartma tozu, kabartma tozu, tuz ve baharatları birlikte çırpın. Un karışımını yavaş yavaş kabak karışımına ekleyin, pürüzsüz hale gelinceye kadar karıştırın. Hazırlanan tavaya hamuru dökün ve üstünü düzeltin.

c) 25-30 dakika veya ortasına batırdığınız kürdan temiz çıkana kadar pişirin. 15 dakika soğumaya bırakın.

ç) Kek soğurken, ağır krem şantiyi, buharlaştırılmış sütü ve şekerli yoğunlaştırılmış sütü bir kasede çırpın. Bir kenara koyun.

d) Sıcak kekin üzerine kürdan, dübel veya tahta kaşık sapı yardımıyla delikler açın. Sütlü karışımı kekin üzerine eşit şekilde dökün. Örtün ve 8 saat veya gece boyunca buzdolabında saklayın.
e) Servis yapmadan hemen önce, yoğun kremayı ve şekerleme şekerini sert zirveler oluşana kadar çırpın.
f) Krem şantiyi kekin üzerine sürün ve isteğe göre toz tarçın serpin.
g) Pastayı buzdolabında üstü kapalı olarak saklayın.

96.Tarçın Tres Leches Pastası

İÇİNDEKİLER:
KEK İÇİN:
- 1 fincan çok amaçlı un
- 1 ½ çay kaşığı kabartma tozu
- ¼ çay kaşığı tuz
- 4 büyük yumurta
- 1 su bardağı toz şeker
- ⅓ bardak tam yağlı süt
- 1 çay kaşığı vanilya özü

SÜT KARIŞIMI İÇİN:
- 1 kutu (14 ons) şekerli yoğunlaştırılmış süt
- 1 kutu (12 ons) buharlaştırılmış süt
- 1 bardak tam yağlı süt

ÜSTÜ İÇİN:
- 2 bardak ağır krema
- 2 yemek kaşığı pudra şekeri
- Süslemek için toz tarçın

TALİMATLAR:

a) Fırını önceden 350°F'ye (175°C) ısıtın ve 9x13 inçlik bir pişirme kabını yağlayın.
b) Bir kapta un, kabartma tozu ve tuzu birlikte eleyin.
c) Ayrı bir kapta yumurtaları ve şekeri hafif ve kabarık olana kadar çırpın. Sütü ve vanilya özütünü ekleyip iyice karıştırın.
ç) Kuru malzemeleri yavaş yavaş yumurta karışımına ekleyin ve pürüzsüz hale gelinceye kadar karıştırın.
d) Hamuru hazırlanan pişirme kabına dökün ve yaklaşık 30 dakika veya ortasına batırdığınız kürdan temiz çıkana kadar pişirin.
e) Kek henüz sıcakken çatalla her yerini delin.
f) Ayrı bir kapta üç sütü (tatlandırılmış yoğunlaştırılmış süt, buharlaştırılmış süt ve tam yağlı süt) karıştırın.
g) Üç sütlü karışımı ılık kekin üzerine eşit şekilde dökün. Islatın ve oda sıcaklığına soğumaya bırakın.
ğ) Başka bir kapta kremayı pudra şekeriyle sert tepecikler oluşuncaya kadar çırpın.
h) Çırpılmış kremayı kekin üst kısmına yayın.
ı) Tres'i soğutun Leches Cake'i servis yapmadan önce birkaç saat buzdolabında bekletin.
i) Servis yapmadan hemen önce üzerine tarçın serpin.

TATLI TAHTALARI

97.Cinco De Mayo Fiesta Tatlı Tahtası

İÇİNDEKİLER:

- Churro ısırıkları
- Tres Leches Kek Kareleri
- Margarita Kapkekleri
- Dulce de Leche dolgulu Conchas
- Chili Lime Baharatlı Mango Dilimleri
- Meksika Çikolatalı Trüf
- Piñata Şekerli Kurabiye

TALİMATLAR:

a) Churro ısırıklarını ve treleri düzenleyin leches kek kareleri.
b) Margarita keklerini ve dulce de leche dolgulu konkaları yerleştirin.
c) Mango dilimlerini biber limonu baharatıyla birlikte dağıtın.
ç) Meksika çikolatalı yer mantarlarını ve piñata şekerli kurabiyeleri ekleyin.

98. Churro Tatlı Tahtası

İÇİNDEKİLER:
- Ev yapımı veya mağazadan satın alınan tatlılar
- Dulce de leche sosu
- Çikolata sosu
- Tarçın şeker
- Taze meyveler (çilek, ahududu, yaban mersini)
- Dilimlenmiş mango
- Dilimlenmiş ananas
- Krem şanti
- Minyatür Meksika şekerleri (baharatlı demirhindi şekerleri gibi)
- Karamel sosu (isteğe bağlı)

TALİMATLAR:
a) Churros'u büyük bir servis tahtası veya tabağın ortasına yerleştirin.
b) Churros'ların etrafına küçük kaseler halinde dulce de leche sosu, çikolata sosu ve tarçın şekeri koyun.
c) Taze meyveleri, dilimlenmiş mangoları ve dilimlenmiş ananasları tahtanın etrafına kümeler halinde yerleştirin.
ç) Meyve salkımlarının arasına bir miktar krem şanti ekleyin.
d) Daha fazla renk ve lezzet için minyatür Meksika şekerlerini tahtanın etrafına dağıtın.
e) İsteğe bağlı olarak, ekstra tatlılık için karamel sosunu tatlıların üzerine gezdirin.
f) Churro tatlı tabağını servis edin ve tadını çıkarın!

99.Tres Leches Tatlı Tahtası

İÇİNDEKİLER:

- Tres leches keki, küçük kareler halinde kesilmiş
- Krem şanti
- dilimlenmiş çilek
- Dilimlenmiş kivi
- Dilimlenmiş şeftali
- Dilimlenmiş muz
- Kızarmış Hindistan cevizi gevreği
- Kıyılmış fındık (badem veya ceviz gibi)
- Süslemek için taze nane yaprakları
- Dulce de leche sosu (isteğe bağlı)

TALİMATLAR:

a) Üçleri düzenleyin Leches kek karelerini büyük bir servis tahtası veya tabağın ortasına yerleştirin.
b) Kek karelerinin etrafına çırpılmış krema dolusu yerleştirin.
c) Dilimlenmiş çilekleri, kivileri, şeftalileri ve muzları tahtanın etrafına kümeler halinde düzenleyin.
ç) Çırpılmış krema ve meyvenin üzerine kavrulmuş hindistancevizi pullarını ve doğranmış fındıkları serpin.
d) Bir renk tonu için taze nane yapraklarıyla süsleyin.
e) dulce de leche sosunu treslerin üzerine gezdirin. Daha fazla tatlılık için leches kek kareleri.
f) Tres'e servis yapın Leches tatlı tabağı ve tadını çıkarın!

100.Meksika Meyve Salatası Tatlı Tahtası

İÇİNDEKİLER:

- Çeşitli taze meyveler (karpuz, kavun, tatlı özsu, ananas, mango, jicama, salatalık gibi)
- Tacín baharatı
- Kireç takozlar
- Chamoy sosu
- Demirhindi şekerleri
- Hindistan cevizi cipsi
- Çeşitli tatlarda (mango, limon veya hindistancevizi gibi) Meksika paletaları (dondurulmuş şeker)
- Süslemek için taze nane yaprakları

TALİMATLAR:

a) Çeşitli taze meyveleri lokma büyüklüğünde parçalar halinde kesin ve renkli kümeler halinde büyük bir servis tahtası veya tabağa dizin.
b) Tajín baharatını serpin veya küçük bir kasede servis yapın.
c) Meyvelerin üzerine sıkmak için limon dilimlerini tahtanın etrafına yerleştirin.
ç) Keskin ve baharatlı bir tat için bazı meyvelerin üzerine chamoy sosunu gezdirin.
d) Daha fazla doku ve lezzet için demirhindi şekerlerini ve hindistancevizi parçacıklarını tahtanın etrafına dağıtın.
e) Serinletici bir ikram için tahtaya çeşitli tatlardaki Meksika paletalarını (dondurulmuş şekerler) yerleştirin.
f) Son dokunuş için taze nane yapraklarıyla süsleyin.
g) Meksika meyve salatası tatlı tabağını servis edin ve tropiklerin canlı lezzetlerinin tadını çıkarın!

ÇÖZÜM

Cinco de Mayo'nun canlı ve lezzetli dünyasındaki mutfak yolculuğumuzu tamamlarken, bu yemek kitabının size ilham, neşe ve Meksika mutfağı ve kültürüne dair daha derin bir takdir sunacağını umuyorum. Tacosun cızırtısından tresin tatlılığına Leches , her tarif Cinco de Mayo'nun gerçek özünü sofranıza getirmek için özenle hazırlanmıştır .

Bu lezzetli maceraya bana katıldığınız için size en kalbi şükranlarımı sunmak istiyorum. Yeni lezzetleri keşfetme ve farklı kültürleri kutlama konusundaki coşkunuz ve tutkunuz bu yolculuğu gerçekten özel kıldı. Gelecekteki Cinco de Mayo kutlamalarınız kahkaha, sevgi ve unutulmaz mutfak deneyimleriyle dolu olsun.

Meksika mutfağının zengin dokusunu keşfetmeye devam ederken, bu leziz yemekleri sevdiklerinizle paylaşmanın ve yemek masasında unutulmaz anılar yaratmanın keyfini yaşayın . İster şenlikli toplantılara ev sahipliği yapın , ister rahat aile yemeklerinin tadını çıkarın, ister sadece lezzetli bir taco veya bir dilim tres ile kendinizi şımartın. leches pastası, Cinco de Mayo'nun ruhu her zaman yanınızda olsun.

Mutfak maceranızın bir parçası olmama izin verdiğiniz için bir kez daha teşekkür ederim. Tekrar buluşana kadar mutfağınız Meksika'nın canlı lezzetleri ve sıcak misafirperverliğiyle dolsun . Yaşasın Cinco de Mayo!

www.ingramcontent.com/pod-product-compliance
Lightning Source LLC
Chambersburg PA
CBHW071316110526
44591CB00010B/913